우리가 몰랐던
정치 이야기

우리가 몰랐던 정치 이야기

2판 1쇄 발행 2024년 5월 1일

지은이 하승우
펴낸곳 도서출판 나무야
펴낸이 송주호
편집디자인 최미영
종이 신승지류유통(주)
인쇄 제본 상지사 P&B
등록 제307-2012-29호(2012년 3월 21일)
주소 (03424) 서울시 은평구 서오릉로27길3, 4층
전화 02-2038-0021
팩스 02-6969-5425
전자우편 namuyaa_sjh@naver.com

ISBN 979-11-88717-34-7 43340
© 하승우

우리가 몰랐던 정치 이야기

하승우 지음

나무
Namuyaa Publisher

차례

진보와 보수라는 이분법

이 책은 쓸모없이 다투기만 하는 듯한 정치를 본격적으로 다루려 합니다. 정치인들은 왜 매번 같은 사안에 대해 다른 입장을 내며 서로 대립할까요? 국회도 없애버리고 정치인들도 싹 없애버리면 속이 시원하겠다는 사람들도 많은데요. 그러면 중요한 정책들은 누가 어떻게 결정하는 게 좋을까요?

한 나라가 운영되고 조금씩 더 좋은 방향으로 나아가려면 정치의 역할이 매우 중요합니다. 눈살이 찌푸려지도록 서로 싸우는 모습이 때론 이해하기 힘들어 보여도 좀 더 신중한 결정을 내리기 위해 그런 논쟁과 다툼은 필요합니다. 어떻게 보면 정치가 쓸모없다고 여기는 사람들, 인생에 '1도' 도움이 안 된다는 바로 그 사람들을 위해 정치는 더더욱 필요하기도 합니다.

한 나라가 운영되고 조금씩 더 좋은 방향으로
나아가려면 정치의 역할이 매우 중요합니다.
눈살이 찌푸려지도록 서로 싸우는 모습이
때론 이해하기 힘들어 보여도 좀 더
신중한 결정을 내리기 위해
그런 논쟁과 다툼은 필요합니다.

왜냐면 정치가 없어지면 우리 사회의 약자들은 더욱 소외될 수밖에 없고 기득권자들은 힘없는 사람들의 목소리를 들으려 하지 않을 테니까요. 기업이라면 주식을 많이 가진 사람이 주인이라지만, 정부는 구성원들 각자가 저마다의 목소리를 낼 수 있으니까 약자에게도 기회가 있답니다. 그래서 정치가 필요하지 않은 게 아니라 '좋은 정치'가 필요합니다.

북유럽에 있는 나라 핀란드는 경쟁을 강요하지 않는 평등한 교육으로 유명합니다. 정말이지 놀라움과 부러움의 대상이죠. 핀란드는 왜, 어떻게 교육의 방향을 그렇게 잡았을까요? 세계에서도 손꼽히는 부자 나라여서? 아니면 정치적으로 매우 안정되어서?

지도에서 핀란드의 위치를 찾아보면 러시아와 스웨덴, 노르웨이와 국경을 맞대고 있습니다. 땅은 한국보다 3배가량 넓은데 전체 인구가 6백만 명이 채 안 되어 서울보다 적습니다. 하지만 핀란드는 국토 면적의 70% 이상이 숲이고 천연자원이 풍부하지 않아서 석유나 가스 같은 에너지원을 수입에 의지해온, 20세기 초반까지만 해도 농업과 임업 중심의 나라였습니다. 오늘날의 핀란드와는 달리 그리 잘 사는 나라가 아니었던 거죠. 더구나 강대국들과 국경을 맞대고 있어서 한때 스웨덴의 식민지가 되기도 했고 러시아의 내정 간섭도 계속해서 받았습니다. 그런 불편한 간섭을 피해 보려고 2차 세계대전 당시 독일과 동맹을 맺은 탓에 전쟁이 끝난 뒤에는 거액의 배상금을 소련(지금의 러시아)에 지급해야만 하기도 했습니다. 다시 말해 풍요롭고 여유가 있어서 평등을 고려할 수 있는 조건은 아니었단 얘기지요. 아마 한국이었으면 강대국에 맞서 힘을 길러야 하니 서로 경쟁시켜 능력 있는 인재들을 집중적으로 키워야 한다는 목소리가 더 높았을 겁니다.

그렇다면 한국과 달리 정치적으로 안정되어서 핀란드의 교육은 평등을 지향한 것일까요? 한때 러시아의 간섭을 받긴 했지만 핀란드는 사회주의 국가가 아닙니다. 더구나 1918년에는 좌파와 우파의 갈등이 내전으로 치달아 무려 3만 명 이상이 죽었습니다. 한국전쟁처럼 대규모는 아니었으나 독일과 러시아를 비롯한 외국까지 개입한 전쟁이었고 당연히 그 뒤에도 이념 대립과 갈등이 심각하게 이어졌습니다. 이처럼 핀란드는 상대 진영을 제압하고 서로 몰아내려 애쓸 법한 정치 상황에서도 외교는 중립외교를, 교육은 평등을 지향하며 균형을 선택한 것입니다. 이런 것이 바로 정치의 가능성이지요.

핀란드는 어느 한쪽 편을 드는 대신 권력을 나눠 대통령과 총리가 함께 나라를 운영하며 서로 견제하게 했습니다. 그리고 선거에서 한 정당이 전체 득표율 중 50% 이상을 차지하지 못하면 단독으로 총리를 지명하지 못하게 했습니다. 정당 수가 많은 핀란드에서 한 정당이 권력을 독차지할 수 없는 구조를 만든 것이지요. 그래서 핀란드 정치에서는 협상과 타협이 다반 사입니다. 한국이라면 뛰어난 사람에게 권력을 몰아주자고 하겠지만, 핀란드는 골고루 나누어서 상대 편을 견제하게 했습니다. 그래서인지 기업인이 정치인의 자동차 트렁크에 돈뭉치가 든 사과박스를 싣는 장면이 한국 정치를 상징한다면, 핀란드는 전 세계에서 정치 부패가 가장 적은 나라라는 평가를 받아 왔습니다.

핀란드의 교육은 이런 사회와 무관하지 않습니다. 핀란드의 교육은 균형과 타협, 협상을 강조하는 핀란드 사회의 특징을 그대로 담고 있습니다. 그렇다고 옛날부터 당연한 일인 듯 그래왔던 건 아닙니다. 핀란드의 교육개혁을 이끈 것은 사회민주당이고, 사회민주당이 좌파와 우파 사이의 대화와 타협을 통해 1968년 기초교육개혁법을 제정했습니다. 이 법에 따라 설립된 종합학교는 핀란드의 공교육을 책임지며 학생들이 자아를 발견하고 스스로 성장하는 기쁨을 느끼도록 가르칩니다. 시험이 아니라 개인의 적성과 진로를 찾기 위한 평가, 공부와 놀이의 균형, 경쟁보다 협력이 중시되는 교육을 받으며 청소년들은 자신과 공동체의 행복을 위해 적극적으로 정치에도 참여합니다.

청소년들이 정치에 참여한다니, 이게 무슨 의미일까요? 핀란드에서는 시민들이 직접 법안을 발의할 수 있습니다. 중앙정부에 발의할 수 있는 나이는 18세 이상, 지방정부에 발의할 수 있는 나이는 15세 이상입니다. 총 인구 5% 이상의 시민이 발의하면 그 안건은 투표의 대상이 됩니다. 즉, 한국으로 치면 중학생이나 고등학생들이 똘똘 뭉치면 정부에 중요한 법안을 발의할 수도 있습니다. 어떤 법안이 될까요? 아무래도 시험이나 경쟁이 좀 줄어들게 할 그런 것이지 않을까요? 그리고 중, 고등학생들이 그런 권한을 갖게 되면 정치인들은 그들의 마음을 사로잡기 위한 공약을 고민할 수밖에 없어집니다.

이렇게 정치를 일찍 시작하니 정치인의 연령도 낮아집니다. 2019년 12월에 핀란드 총리로 임명된 산나 마린(Sanna Marin, 1985~)은 당시 34세였고, 28살에 국회의원에 처음 당선되었습니다. 핀란드에서는 대부분의 정치인이 20대에 정치 활동을 시작하고, 당연히 청년층의 필요와 요구가 정치의 주요 이슈가 됩니다.

자, 그럼 오늘의 한국은 어떤가요? 한국의 교육은 성적순으로 서열을 매기는 입시교육이고 이긴 사람에게 모든 자원을 몰아줍니다. 한국 사회의 특징을 말할 때 꼭 등장하는 사자성어

중, 고등학생들이
법안을 발의할 권한을 갖게 되면
정치인들은 그들의 마음을 사로잡기 위한
공약을 고민할 수밖에 없어집니다.

가 승자독식(勝者獨食)입니다. 이긴 사람이 모든 걸 차지하니 무슨 수단을 쓰든 상대방을 이기는 게 제일 중요합니다. 시험이나 평가, 취업 등에서 '엄마 찬스 아빠 찬스'를 쓰는 등 아는 인맥이 총동원되고, 그런 부조리가 마치 능력처럼 비춰지는 것도 이기는 게 중요하기 때문입니다. 강자에게 관대하고 약자에게 가혹한 한국 사회, 누가 이런 사회를 만들었을까요?

오랜 세월 주변 강대국들에게 잦은 침략을 받고 일본의 식민지까지 되다 보니 강한 힘에 집착하게 되었다고 혹자는 얘기합니다. 어렵게 살다 보니 학연, 지연, 혈연에 얽매인 채 아는 사람들끼리 끌어주고 밀어주는 게 자연스러운 일이 되어 부정부패가 늘어났다고도 합니다. 하지만 핀란드의 사례에서 보듯 비슷한 처지의 모든 나라들이 한국과 같은 길을 걸었던 건 아닙니다. 분명히 다른 길이 존재했고 한국도 얼마든지 새로운 사회를 만들 수 있었습니다. 그런 점에서도 중요한 것이 정치입니다.

해방 이후 남북한이 분단되고 1950년에 시작된 한국전쟁으로 백만 명이 넘는 사람들이 사망했습니다. 부상자는 셀 수조차 없이 많았지요. 한국전쟁을 거치면서 남북한은 서로를 증오할 충분한 이유를 가지게 되었고, 서로의 존재는 내부의 반대자들을 억압할 좋은 명분이 되었습니다. 그러다 보니 남북한 모두 정치를 활성화시키지 못했고, 다양한 대안들을 토론하고 합의하는 과정이 아니라 하나의 입장을 강요하고 동의를 요구하는 과정이 곧 정치가 되었습니다. 한국 사회가 지금 이런 모습이 된 것은 우리에겐 다른 길을 보여줄 수 있는 정치가 없었기 때문입니다.

그렇다면 앞으로는 좀 달라질까요? 한국도 2020년 국회의원 선거 때부터 투표 연령이 만 19세에서 만 18세로 낮아졌습니다. 그러면서 청소년들의 정치 성향에 대한 관심도 높아졌습니다. 그런데 한국 사회는 청소년들의 자발적인 정치 참여를 북돋우는 환경을 만들고 제도를 바꾸는 것보다 누구에게 투표할 것인지에 대해 더 큰 관심을 가지고 있습니다. 그러니 2020년에 당선된 21대 국회의원들의 평균 연령이 54.9세인 것도 이해할 만한 일입니다. 정치는 기성세대들끼리 할 테니 청소년들은 그냥 투표나 하라는 것이지요. 이래서는 정치가 바뀌기 어렵습니다. 그나마 2021년에 공직선거법이 개정되어 피선거권이 만 18세로 낮아지긴 했지만 돈과 사람, 조직이 필요한 선거판에 선뜻 나설 청소년이 있을까요?

투표라도 제대로 하려 해도 어떤 사람을 선택해야 할지 기준이 애매모호합니다. 정치인들은 서로를 진보 혹은 보수라 부르기도 하는데, 진보와 보수는 각각 어떤 입장을 가리키는 말일까요? 신문을 보면 진보와 보수의 맞대결이란 제목의 기사도 간혹 보이는데요. 앞으로 가면 진보, 뒤로 가면 보수일까요? 아니면 나이가 적으면 진보, 나이가 많으면 보수일까요? 그럼 진보정당과 진보단체, 보수정당과 보수단체는 또 어떤 차이를 가지고 있을까요? 문제가 있으면 그 점을 짚어 비판하면 되는데 왜 굳이 진보, 보수라는 말을 쓰면서 서로를 비난하는 걸까요? 21세기에 그런 말이 의미가 있긴 할까요? 말보다는 우리한테 실제로 이득이 되나 안 되나가 더 중요하다는 생각도 드는데요.

하지만 정치적인 신념은 누구에게나 중요한 것이고 그 신념은 서로 다른 입장을 가진 사람들 사이의 다양한 논쟁을 통해 형성됩니다. 사람은 애초에 타고난 기질도 있지만 자라면서 주변 환경의 영향도 많이 받거든요. 나도 모르게 형성된 선입견과 편견이 선거나 정치적인 결정에 반영되고 그런 선택이 우리 삶의 경로를 바꾸기도 합니다. 그뿐만 아니라 진보적인 결정이냐 보수적인 결정이냐에 따라 한 사회의 방향이 바뀔 수도 있습니다. 예를 들어 볼까요? 제임스 길리건(J. Gilligan, 1935~)이라는 미국의 정신과 교수는 『왜 어떤 정치인은 다른 정치인보다 해로운가』라는 책을 썼습니다. 길리건은 미국에서 민주당이 정권을 잡았을 때와 공화당이 잡았을 때를 비교하며 자살율과 살인율이 다르다고 지적합니다. 민주당 때는 자살율과 살인율이 감소하고 공화당 때는 그 비율이 증가합니다. 왜 그럴까요? 비교적 진보적인 민주당은 복지안전망을 강화하며 빈부격차를 완화시키려고 하는데, 비교적 보수적인 공화당은 정반대의 정책을 펼치기 때문입니다. 즉 보수적인 정부에서는 가난하고 힘없는 사람들이 안전장치 없이 자살과 폭력으로 내몰릴 확률이 높아집니다. 이렇게 보면 진보와 보수가 우리 삶에 미치는 영향은 적지 않습니다. 정부와 정책이 어떤 방향인지에 따라 내가 누릴 수 있는 권리가 달라지는 거죠.

최근에는 진보와 보수의 차이가 개인의 판단을 넘어 삶에도 영향을 미친다는 연구 결과가 있었습니다. 서울대병원 뇌인지과학 연구팀에 따르면, 성인 106명을 대상으로 정치 성향을 보수와 중도, 진보로 나눠 실험해 보니 보수 성향의 사람들이 심리적 스트레스를 관리하면서 삶의 만족도를 높일 수 있는 신경망을 가지고 있었다는 겁니다. 반대로 진보적 성향은 현실에 만족하지 않으니 스트레스가 많고 삶의 만족도가 상대적으로 떨어졌습니다. 물론 정치 성향에 따라 뇌 기능이 달라진 건지, 뇌 기능에 따라 정치 성향이 달라진 건지 알 수 없기 때문에 이 결과를 무조건 믿을 수는 없습니다. 그렇지만 보수와 진보의 성향 차이가 자기 삶의 조건과 사회를 바라보는 관점의 차이

진보와 보수라는 정치 성향은 개인과 사회에
적지 않은 영향을 미칩니다. 그리고 그 차이는
절대 진리가 없는 정치 세계에서 바람직한 사회를
만들어가는 과정, 한 사회가 나아가야 할 방향을 알리는
일종의 나침반이라고 볼 수 있습니다.

를 만든다는 점은 알 수 있습니다. 이런 연구를 하는 사회심리학은 보수가 불확실성과 두려움을 회피하려 하고, 진보가 지적 호기심과 열린 마음을 갖는다고 주장합니다.

이렇게 보면 진보와 보수라는 정치 성향은 개인과 사회에 적지 않은 영향을 미칩니다. 그리고 그 차이는 절대 진리가 없는 정치 세계에서 바람직한 사회를 만들어가는 과정, 한 사회가 나아가야 할 방향을 알리는 일종의 나침반이라고 볼 수 있습니다. '최저임금은 계속해서 인상되어야 할까?', '미국은 우리의 영원한 우방일까?', '소수자에 대한 차별은 금지되어야 할까?'라는 질문에 진보와 보수는 서로 다른 대답을 합니다. '인공지능(AI)이 인간을 대신하는 시대에 진보, 보수가 꼭 필요할까?'라는 질문도 충분히 가능합니다.

진보, 보수와 함께 좌파와 우파라는 말이 쓰이고 흔히 좌파가 진보, 우파가 보수라고 불리지만 항상 그런 것은 아닙니다. 생태계를 보존하려는 좌파는 보수적인 입장을 취할 수 있고, 과학기술로 경제를 성장시키려는 우파는 진보적인 입장을 취할 수 있으니까요. 좌파와 우파라는 말은 1789년 프랑스 대혁명이 일어난 뒤에 소집된 국민의회에서 정파가 다른 사람들이 좌우로 나뉘어 앉은 데서 비롯되었습니다. 평등과 자유처럼 좌파와 우파를 특징짓는 가치나 정책의 차이는 있지만 시간이 흐

를수록 그 경계는 흐릿해지기도 합니다. 이렇게 시대와 사회조건에 따라 경계가 달라진다면 진보와 보수는 어떻게 구분될 수 있을까요?

때로는 진정한 진보, 진정한 보수로 거듭나겠다고 부르짖는 정치인도 보입니다. 그럼 기존의 진보, 보수는 가짜였단 말일까요? 진짜와 가짜를 구분하는 기준은 무엇일까요? 그런 기준이 실제로 있을까요? 그런가 하면 어떤 정치인은 새로운 진보, 새로운 보수라고 주장하는데 옛 것과 새로운 것의 차이는 또 뭘까요? 골치 아파 보이는 이런 주장들을 우리는 어떻게 이해하면 좋을까요? 이 책은 이러한 질문에 함께 답을 찾아보려 합니다. 어떠한 조건과 시대 흐름이 진보와 보수의 경계에 영향을 미치는지, 그런 영향을 받으며 진보와 보수는 어떻게 변해가는지 살펴보려 합니다.

故 노무현 대통령은 『진보의 미래』에서 버스타기에 비유해 진보는 차가 좀 비좁아도 같이 타자는 것이고, 보수는 비좁으니 태우지 말자는 거라고 했습니다. 진보는 함께 살고 연대하고 공존하자는 것이라고, 좀 불편하고 힘들더라도 버스를 같이 타고 가는 게 모두에게 좋지 않겠느냐는 것입니다. 이렇게 보면 진보가 나은 것처럼 보입니다. 비좁다고 태우지 않으면 남

겨진 사람들은 한참을 더 기다려 버스를 타거나 돈 없는 사람들은 걸어가야 하니까요. 사회 전체를 보면 좀 불편해도 함께 사는 게 좋아 보입니다. 그렇다면 정치적인 입장이 반대인 사람들은 진보와 보수를 어떻게 구분할까요? 2019년 11월 14일 당시 자유한국당 최고위원회의에서 김광림 최고위원은 문재인 정부가 빚이 늘어나는 상황에서 많은 예산을 쓰는 사업만 하고 있다며 비판했습니다. "진보는 곳간 열어서 오늘 잘 먹고 잘 살자는 사람들이고, 보수는 내일과 자식들을 위해서 오늘 힘들어도 좀 참자는 사람들"이라는 것입니다. 여기서 보수는 당장 즐기고 싶은 걸 참으면서 내일을 준비하는 성실한 사람들로 그려집니다. 장밋빛 미래만 얘기하며 재정을 낭비하는 것보다 꼭 필요한 곳부터 챙기는 보수가 더 현명하다는 거죠. 무엇이 더 좋은 걸까요?

저마다 자신의 입장이 부각되는 식으로 이야기하니 진보가 좋은지, 보수가 좋은지 판단하기가 쉽지 않습니다. 그러므로 보수는 무조건 좋고 진보는 나쁘다, 보수는 무조건 나쁘고 진보는 좋다, 이런 이분법에서 벗어나 그 입장이 담고 있는 가치와 관점을 입체적으로 살펴볼 필요가 있습니다. 이 책은 그런 고민을 나누기 위한 시도입니다.

I.
진보와 보수는 어떻게 나눌까?

진보와 보수의 갈등은
사회를 발전시키는 힘이고
잘못된 정책 결정으로 인한
실패를 줄이는
방법이기도 합니다.

사전에서 진보의 뜻을 찾아보면 첫째, '정도나 수준이 차츰 향상하여 감' 둘째, '역사 발전의 합법칙성에 따라 사회의 변화 발전을 추구함'이라고 나와 있습니다. 이 뜻에 따르면 진보는 사회를 한 단계씩 발전시키려는 입장을 뜻한다고 볼 수 있습니다. 어디로 가는지는 아직 분명하지 않지만 발전시키려는 태도를 가리킵니다. 그래서 반대말은 퇴보(退步)입니다.

그렇다면 보수의 뜻은 뭘까요? 첫째, '새로운 것을 적극 받아들이기보다는 재래의 풍습이나 전통을 중히 여기어 유지하려고 함' 둘째, '보전하여 지킴'이라고 되어 있습니다. 이 뜻에 따르면 보수는 옛것을 존중하고 지키는 태도를 뜻하지만, 옛것만을 고집하는 수구(守舊)와는 의미가 다르다고 봐야 합니다. 지키는 것과 배척하는 것은 다른 것입니다.

새로운 것을 무조건 받아들이거나 옛것을 무조건 고집하는 것 모두 문제일 수 있습니다. 그러니 진보는 새로움을 추구하되 왜 새로움이 필요한지 이유를 분명하게 밝혀야 하고, 보수는 시대의 변화에도 전통을 지키려는 이유를 분명히 밝혀야 합니다. 어떤 입장이든 맹목적인 주장은 위험하니까요. 그렇다면 진보와 보수의 기본적인 입장은 무엇이고 어떻게 등장하게 되었을까요?

1
진보와 보수,
어디서 나온 말일까?

진보와 보수라는 말은 한국에서 만들어진 것이 아닙니다. 서양에서 진보는 혁명을 통해 등장했습니다. 1789년 프랑스의 국왕 루이 16세(Louis 16, 1754~1793)에 반기를 든 시민들이 혁명을 일으켜 왕정을 무너뜨리고 공화국을 세웠습니다. 그 뒤에 만들어진 국민의회는 공화국을 이끌 새로운 정치 질서를 수립하라는 요구를 받았지만 그 내부에는 여전히 국왕을 지지하는 왕당파와 귀족들이 존재했기 때문에 의회에서는 언제나 시끌벅적한 논쟁이 벌어졌습니다.

서로 격렬하게 논쟁을 벌이며 표결을 하다 보니 자연스럽게 같은 입장끼리 모여 앉기 시작했고 공화파는 왼쪽으로, 왕당파는 오른쪽으로 모이면서 좌파, 우파라는 개념이 생겨났습니다.

그러면서 좌파와 우파의 특징도 자연스럽게 만들어졌습니다. 신분질서와 계급사회를 허물고 평등을 지향하는 건 좌파, 옛 질서를 고집하는 건 우파, 이런 식으로 말입니다.

프랑스 대혁명 이후 공화국을 요구하는 입장에서 한 발 더 나아가 사회주의를 주장하는 운동이 등장하면서 좌파와 우파는 하나의 이념으로 만들어지기 시작했습니다. 그렇다면 좌파는 진보이고 우파는 보수일까요? 전 세계 곳곳에서 혁명이 발생하던 19세기 상황에서는 분명히 그러했습니다. 혁명을 지지하는 쪽은 진보였고 혁명을 반대하는 쪽은 보수였지요.

진보는 프랑스 대혁명 이후 인간의 자유와 평등, 박애를 부르짖는 입장을 대변했습니다. 1789년 8월 26일에 국민의회는 총 17조로 구성된 '인간과 시민의 권리선언'을 발표했습니다. 이 선언의 앞부분은 다음과 같습니다(출처: 국가인권위원회 휴먼레터).

제 1조, 인간은 권리에 있어서 자유롭고 평등하게 태어나 생존한다. 사회적 차별은 공동 이익을 근거로해서만 있을 수 있다.

제 2조, 모든 정치적 결사의 목적은 인간의 자연적이고 소멸될 수 없는 권리를 보전함에 있다. 그 권리란 자유, 재산, 안전, 그리고 압제에의 저항 등이다.

서로 격렬하게 논쟁을 벌이며 표결을 하다 보니
자연스럽게 같은 입장끼리 모여 앉기 시작했고
공화파는 왼쪽으로, 왕당파는 오른쪽으로 모이면서
좌파, 우파라는 개념이 생겨났습니다.

· 프랑스 대혁명 당시의 국민의회 ·

제 3조, 모든 주권의 원리는 본질적으로 국민에게 있다. 어떠한 단체나 개인도 국민으로부터 명시적으로 유래하지 않는 권리를 행사할 수 없다.

제 4조, 자유는 타인에게 해롭지 않은 모든 것을 행할 수 있음이다. 그러므로 각자의 자연권의 행사는 사회의 다른 구성원에게 같은 권리의 향유를 보장하는 이외의 제약을 갖지 아니한다. 그 제약은 법에 의해서만 규정될 수 있다.

이 권리선언은 인간에게 자유롭고 평등하게 살 권리가 있으며 권력이 이런 권리를 보장할 책임을 진다고 선언했습니다. 인간의 이러한 권리는 자비로운 왕의 은혜가 아니라 주권자의 정당한 권리로, 주권이 국민에게서 비롯된다는 사실로 정당화되었습니다. 왕과 귀족이 아니라 평범한 시민들이 권력을 가지는 사회, 이것은 분명히 과거와 다른 새로운 사회였습니다. 이 선언은 근대 권력의 기초를 다지는 선언이었습니다.

지금은 평등이나 자유가 좀 식상한 개념이 되어 버렸지만 그 당시는 그렇지 않았습니다. 프랑스 대혁명이 일어났다고 신분제도가 곧바로 사라진 것도 아니거니와 평민과 귀족이 서로 눈도 제대로 못 마주치던 분위기에서 마주 보는 사회로 갑자기 넘어간다는 게 말처럼 쉬운 건 아니었습니다. 권리라는 말은 지배하는 사람들만이 아니라 지배를 당하는 쪽에서도 낯설었고, 평등은 이런 세계에서 받아들이기 쉽지 않은 가치였습니다. 우리로 치면 천민이 하루아침에 양반과 평등한 사람이 된 것이니까요. 진보는 낡고 익숙한 신분질서를 무너뜨리고 새로운 사회를 만들자는 진취적인 주장이었습니다. 신분의 틀에 갇혀서는 정치와 산업, 과학기술이 더 이상 발전할 수 없었습니다.

이런 진취적인 주장이 어느 날 갑자기 역사의 문을 열고 등장하기란 어려운 일입니다. 프랑스 대혁명에는 17세기에 등장한 계몽주의(Enlightenment)가 영향을 미쳤습니다. 빛을 비춘다는 의미처럼 계몽주의는 인간 이성의 빛이 종교에 대한 맹목적인 신앙이나 무지를 없애고 합리적인 사회를 만들 것이라고 믿었습니다. 낡은 질서를 무너뜨려야 새로운 질서를 세울 수 있다고 생각했기에 계몽주의는 진보의 사상이었습니다.

당연히 반대 입장도 나타났습니다. 1729년에 태어난 영국의 정치인 에드먼드 버크(Edmund Burke, 1729~1797)는 대표적인 보수주의 사상가로 불립니다. 그 당시 많은 사람들이 프랑스 대혁명을 환영했을 때, 버크는 "지금까지 세계에서 일어난 일들 가운데 가장 경악할 일"이라며 혁명을 비판했습니다.

버크는 당시 혁명을 정당화하는 논리로 사용되던 사회계약론이나 천부인권론에 반대했습니다. 인간은 그렇게 자유롭고

많은 사람들이 프랑스 대혁명을 환영했을 때,
버크는 "지금까지 세계에서 일어난 일들 가운데
가장 경악할 일"이라며 혁명을 비판했습니다.
인간은 그렇게 자유롭고 평등하게
태어나지 않았다는 거죠.

• 에드먼드 버크 •

평등하게 태어나지 않았다는 거죠. 인간의 능력과 역할이 다르고 그에 따라 위계질서가 만들어진 건 다 '필요해서'라는 것입니다. 그렇다고 버크가 모든 사회변화를 거부한 것은 아닙니다. 버크는 과거의 경험이 누적된 전통을 존중해야 하고 정치제도 역시 그러한 전통 속에서 구성되어야 한다고 믿었습니다. 그래서 버크가 보기에 전통과 경험, 역사를 존중하지 않는 혁명은 파괴와 혼란만 일으킬 뿐이었습니다. 더구나 당시 계몽주의는 인간의 이성이 새로운 길을 개척하리라고 봤지만, 버크는 인간에게 더 많은 영향을 미치는 것은 이성이 아니라 편견이고, 편견은 경험이 누적된 것이기에 무조건 무시될 수 없다고 여겼습니다.

사실 버크처럼 전통을 존중한다는 것은 불평등한 신분 구조를 인정한다는 의미이기도 했습니다. 실제로 버크는 사회가 통치 엘리트 그룹, 중산층, 대중으로 구성된다고 봤고 대중이 권력을 행사하면 위험하다고 생각했습니다. 대중의 열정은 억제되어야 하고 가족이나 학교, 교회는 대중에게 자제를 가르쳐야 한다는 것입니다. 평등을 반대했던 버크에게 민주주의란 다수가 소수를 잔인하게 지배하는 위험한 정치체제였습니다. 그러니 버크는 프랑스 대혁명을 반대할 수밖에 없었습니다.

이런 버크의 사상에 따르면, 보수는 전통적인 질서의 수호

자입니다. 과거의 모든 관습을 수용하는 건 아니고, 일정한 변화를 허용하긴 하지만 기존 질서를 크게 바꾸지 않는 한에서만 그것을 받아들입니다. 폭력과 파괴보다는 중용과 중도가 더 중요하다는 게 보수의 이유입니다. 이런 이유 없이 과거를 고집한다면 수구와 다를 바가 없기 때문입니다.

앞서 이야기했듯이 프랑스 대혁명 이후 진보의 사상은 사회주의라는 더 구체적인 이념을 만들기 시작합니다. 1917년 2월에 러시아에서 혁명이 일어나 니콜라이 2세를 폐위하고 레닌(V. Lenin, 1870~1924)이 이끄는 좌파들이 10월에 다시 혁명을 일으켜 사회주의 정부를 수립합니다. 레닌은 카를 마르크스(K. Marx, 1818~1883)의 사회주의 이론을 따랐는데 생산수단의 국유화, 계획에 따른 생산과 소비를 주장하며 노동자와 그들을 대변하는 조직이 이끄는 혁명을 이끌었습니다. 신분이나 재산의 차별 없는 평등한 세상을 만들겠다는 사회주의는 진보를 대표하는 이념이 되었습니다. 사회주의가 진보의 전부는 아니었으나 불평등에 분노해 온 사람들을 매혹시킨 사상이었다는 점은 분명합니다. 반면, 1789년에 혁명을 주도했던 부르주아지(자본가계급)는 왕정에 비해 진보적이었지만 1917년에 혁명을 일으켰던 농민, 노동자들과 비교하면 보수적이라고 볼 수 있습니다. 신분의 자유, 국가의 간섭을 받지 않는 영리 활동, 소유권의 보호 등을 주장했던 부르주아지는 사회주의를 반대하며 그 세력의 확장을 막으려 했습니다.

그래서 20세기는 자본주의와 사회주의를 대변하는 두 진영이 첨예하게 대립했던 시기입니다. 1989년과 1991년, 사회주의 진영의 핵심 국가였던 동독과 소련이 잇달아 붕괴하면서 역사는 자본주의의 손을 들어주는 듯했지만, 그렇다고 자본주의의 문제가 해결된 것은 아닙니다. 토마 피케티(Thomas Piketty, 1971~)라는 경제학자가 『21세기 자본』이라는 책에서 지적했듯이 자본주의의 경제성장이 불평등을 심화시켰고 소수의 부자들이 부를 독점하며 빈부격차를 늘려왔으니까요. 빈부격차는 20세기의 신분질서라고도 말합니다. 계속해서 누적되어 온 심각한 빈부격차는 진보와 보수 모두가 풀어야 할 중요한 숙제가 되었습니다.

2
진보와 보수는
무엇이 다를까?

혁명에 대한 진보와 보수의 입장은 분명하게 달랐지만, 혁명의 시대가 지난 지금 우리 현실에서는 무엇이 다를까요? 진보와 보수를 구분하는 기준에는 어떤 것들이 있을까요? 진보와 보수를 구분하는 기준은 여러 가지가 있습니다만 가장 대표적인 차이는 인간과 세계를 보는 관점입니다.

진보는 인간의 능력이 평등하고 인간이 자유로우며 누구나 자신의 자아를 발전시키면서 미래를 스스로 개척할 수 있다고 봅니다. 이러한 인간이 구성하는 세계는 인간이 성장하듯이 진보하고 그런 진보가 인류의 역사가 되는 것입니다. 한마디로 진보는 열심히 노력하면 누구나 자신이 원하는 대로 살 수 있다고 봅니다. 인간의 미래를 낙관하는 편이죠.

반면 보수는 인간의 능력이 불평등하고 소수만이 사회를 이끌어 갈 자질을 가지고 있다고 봅니다. 고대 아테네의 철학자 플라톤의 표현을 빌리면, 인간은 금, 은, 동의 각기 다른 본성을 지닌 채 태어나고 통치는 금의 본성을 가진 사람들의 몫입니다. 보수의 세계는 각기 다른 역할을 맡은 인간들로 구성된 위계적인 사회이고 각자가 자기 본분에 맞게 살 때 균형과 질서가 잡힙니다. 보수에게 역사란 균형 잡힌 질서가 유지되는 것을 뜻하고 때론 변화하지만 다시 균형을 잡는 것이 무엇보다 중요합니다.

앞에서 했던 故 노무현 대통령 이야기를 떠올리면 이해가 쉬워집니다. 진보는 조금 불편해도 모두가 버스를 타면 각자가 목적지에 편하게 도착하니 전체적으로 이득이라고 봅니다. 그러니 필요하다면 요금을 받지 않고 사람부터 태울 수도 있는 것입니다. 반면에 보수는 먼저 탄 사람들이 그만큼 대가를 치른 것이고 모두가 버스를 탈 필요는 없으니 그냥 가자는 것입니다. 대가를 치른 만큼 편의를 누리는 게 합리적이라는 것이 보수의 설명입니다.

이 세계관의 차이는 매우 중요합니다. 이 차이에서 이성, 교육, 민주주의, 자유, 역사, 종교, 소유권에 관한 입장 차이가 생기거든요. 이제부터 그 차이를 하나씩 살펴보겠습니다.

보수는 인간의 능력이 불평등하고 소수만이
사회를 이끌어 갈 자질을 가지고 있다고 봅니다.
플라톤의 표현을 빌리면, 인간은 금, 은, 동의
각기 다른 본성을 지니고 태어나고 통치는
금의 본성을 가진 사람들의 몫입니다.

· 플라톤 ·

먼저 인간의 이성을 보겠습니다. 진보는 인간의 이성이 인간과 동물을 구별 짓는 핵심적인 능력이라 보고 인간이 이성을 가지고 있기에 미신이나 편견, 종교의 영향력에서 벗어나 자율적인 인간이 될 수 있다고 믿었습니다. 영국의 사상가 토마스 홉스(Thomas Hobbes, 1588~1679)는 이득과 고통을 계산하는 합리적 이성이 물리적인 힘의 차이를 극복하며 인간들의 평등을 가져온다고 봤습니다. 제아무리 힘이 센 사람도 여러 명이 한꺼번에 달려들면 상대하기 어렵고, 아무리 강력한 힘을 가진 왕이라도 잠을 자다 공격을 받거나 독살을 당할 수도 있습니다. 인간 이성이 이런 냉정한 계산을 하기에 자연상태에서는 누구라도 자신을 해칠 수 있는 폭력에 노출되어 있습니다. 홉스는 이런 위험한 자연상태에서 벗어나려면 사회계약이 필요하다고 봤습니다. 진보에게 이성은 주어진 본능과 감정의 지배에서 벗어나 새로운 미래를 계획하고 추진하는 동력입니다. 인간 개개인은 약할지라도 집단으로서의 인류는 합리성을 실현할 존재이니까요. 이성은 새로운 인간을 만들 수 있고, 진보에게 역사는 과거의 누적이 아니라 새로움의 연속입니다.

반면 보수는 인간 이성의 가능성을 인정했지만 무조건 믿지는 않았습니다. 즉, 인간에게 이성이 있지만 그만큼 감정을 가진 존재이고 비합리적인 충동도 강하다고 봅니다. 합리적인만큼 비합리적 존재이기도 한 인간은 전통과 관습의 통제를 받으며 살아야 안전하고 행복하다는 것, 이성은 질서 밖이나 질서를 넘어서가 아니라 그 안에서 본분에 맞게 써야 한다는 것이 보수의 시각입니다.

그래서 진보가 인간을 스스로 계산하고 자유롭게 사유하는 존재로 본다면, 보수는 정념과 편견에 사로잡혀 있어 통제를 받아야 하는 존재로 봅니다. 진보가 이성을 통해 인간해방의 가능성을 보았다면, 보수는 이성이 감정에 흔들리므로 통제가 필요하다고 본 것입니다. 이것만 봐도 진보와 보수의 거리가 상당히 멀게 느껴집니다.

이런 거리가 가장 잘 반영된 사례가 청소년을 보는 관점입니다. 보수는 청소년이 미성숙한 존재이니 통제를 받으며 자라야 한다고 본다면, 진보는 청소년도 스스로 판단을 내릴 수 있는 존재이니 자율성을 존중받아야 한다고 봅니다. 결정적으로 이런 차이는 청소년의 투표권을 확대하는 문제에서 반복됩니다. 진보는 투표연령을 낮추자고, 보수는 높이자고 주장합니다. 다른 나라에서는 만 16세도 투표를 하는데, 한국에서는 왜 만 18세일까요? 딱히 기준이 없습니다.

또한 이런 차이는 교육에 대한 관점에도 그대로 반영됩니다. 인간이 자유로운 존재이기에 진보의 교육은 그 자율성을 최대한 발견하고 북돋우는 데 목적을 둡니다. 그리고 사회경제적인 불평등이 그런 자율성의 발견과 성장을 방해할 수 있고 개인의 능력을 미리 가늠할 수 없기에 사회는 기회의 평등을 보장해야 합니다. 사회경제적인 불평등을 바로잡지 못했더라도 교육의 출발선은 모두에게 공평해야 사회적 지위가 대물림되지 않을 수 있습니다.

반면에 보수에게 교육은 인간이 자신의 사회적인 역할을 찾아가는 과정이고 그렇기에 전통과 관습, 도덕을 잘 가르치는 것이 중요합니다. 교육은 자아를 개발하고 실현하는 것보다 주어진 역할에 스스로를 맞추고 그에 필요한 능력을 기르는 훈육에 가깝습니다. 역할에 맞추는 과정이기 때문에 교육이 모두에게 기회를 균등하게 보장할 필요는 없고, 엘리트들은 따로 엘리트 교육을 받아야 합니다. 즉, 기초적인 교육은 모두에게 보장되어야겠지만 모두가 고등교육을 받을 필요는 없다는 것이지요.

진보의 교육이 세습되던 신분을 능력에 따라 합리적으로 분배할 수단이라면, 보수에게 교육은 각자가 자기 역할을 충실히 수행할 수 있는 기능을 습득하는 수단입니다. 진보가 교육에서 진화의 가능성을 본다면, 보수는 교육에서 질서의 학습을 중요하게 여깁니다. 그래서 진보가 교육에 드는 비용을 없애고 의

무교육 기간을 늘리려 한다면, 보수는 교육에 드는 비용을 각자가 알아서 부담하고 의무교육도 기초적인 교육에만 필요하다고 봅니다.

이런 차이는 민주주의에 대한 관점으로도 이어집니다. 진보는 인간이 평등하다는 전제 하에 모든 이가 참정권을 누려야 한다고 봅니다. 구체적인 참여 방식은 직접민주주의와 간접민주주의 또는 대의민주주의로 구분될 수 있지만 누구에게나 참여가 보장되어야 합니다. 민주주의는 근대사회에서 정책 결정의 정당성을 확보하기 위한 기본적인 절차이고, 이 민주주의를 위해서는 결정의 효율성이 희생될 수도 있다고 보는 게 진보의 시각입니다. 민주주의는 시행착오를 겪으며 발전하고, 결정 과정에 더 많이 참여할수록 더욱더 훌륭한 시민이 될 수 있다는 것입니다. 그래서 소수의 엘리트나 전문가들이 모여 결정을 내리는 건 올바르지 않을 뿐 아니라 타인의 기회를 빼앗는 것이라 봅니다.

반면에 보수는 민주주의를 무시하진 않지만 그것이 모든 곳에서 보장되어야 할 절차라고 생각하지는 않습니다. 민주주의를 완전히 부정하면 수구세력, 다시 말해 옛 제도나 관습을 무조건 지키고 따르려는 세력과 전혀 다를 바 없기 때문에 보수는 그 영역을 제한하려 합니다. 민주주의는 정책을 결정하는

진보는 인간이 평등하다는 전제 하에 모든 이가
참정권을 누려야 한다고 봅니다. 반면에 보수는
민주주의를 무시하진 않지만 그것이 모든 곳에서
보장되어야 할 절차라고 생각하지는 않습니다.

여러 방식들 가운데 하나일 뿐이고, 어떤 결정은 뛰어난 엘리트에게 맡기는 것이 더 효과적이라는 것입니다. 편견과 선입견을 가진 대중에게 결정을 맡기는 것보다 전문가나 정치인들이 결정해야 하는 사안이, 가령 외교나 경제 같은 전문적인 영역이 분명 있다는 것입니다. 현실에서 인간의 능력과 경험이 불평등한데, 민주주의만 고집하면 더 나은 결정을 내리지 못한다고 보수는 생각합니다.

진보에게 민주주의가 정책 결정의 절차적 정당성만이 아니라 시민 주체의 정치력을 기르는 과정이라면, 보수에게 민주주의는 성공만큼 실패의 가능성도 크고 엘리트에 대한 불신과 대중에 대한 광신을 낳을 수 있는 위험한 제도입니다. 그래서 진보가 민주주의를 확장시키려 한다면, 보수는 민주주의를 제한하려 합니다. 그래서 보수는 민주주의가 정치인을 뽑는 선거를 넘어서 사회의 다른 영역으로 확장되는 것을, 가령 노동자들이 기업의 경영에 참여하는 것 등을 거부합니다.

민주주의를 실현하기 위해 진보는 여러 가지 참여제도를 도입합니다. 그러다 보니 진보는 신분질서나 부의 영향력을 제한한다는 이유로 평등을 위해 개인의 자유를 억압한다는 오해를 받곤 합니다. 그렇지만 진보에게 자유는 평등이나 민주주의만큼 중요합니다. 진보에게 자유는 개인의 자율성과 분리될 수 없는 가치이기 때문입니다. 한국의 경우 집단주의가 너무 강해서 개인의 자유가 별로 존중받지 못하기도 하지만, 외국의 진보에게 자유는 결코 포기할 수 없는 가치입니다. 다른 무엇이나 타인으로 대체될 수 없는 고유한 자아에 대한 인정은 운명을 스스로 개척하고 역사를 만들어가는 근대적인 주체의 탄생에 중요했기 때문입니다. 자유로운 존재이기에 인간은 자신이 옳다고 믿는 바를 위해 연대하고 희생할 수 있습니다. 핏줄이나 신분에 의한 종속이 아니라 자율적인 존재로서의 연대는 보수가 아니라 진보의 구호였습니다.

반면에 보수에게 자유는 방탕함이나 만용과는 구분되어야 하고 주어진 질서를 벗어나지 않을 때만 존중받을 수 있는 것입니다. 즉, 전통을 존중하는 범위 안에서만 자유의 가치가 인정된다는 것입니다. 보수는 인간의 자율성을 그리 믿지 않기 때문에 자유가 방종으로 변하기 쉽고 그렇기에 통제가 필요하다고 봅니다. 그런 점에서 보수에게 있어 자유보다 중요한 가치는 도덕과 질서입니다.

나아가 진보는 그 말뜻처럼 역사가 계속 발전한다고 봅니다. 인간 이성이 진화하고 과학기술이 발전하는 만큼 인간 사회도 진보합니다. 반면 보수는 그런 발전이 가져올 부작용을 걱정합니다. 인간의 인위적인 개입이 의도하지 않은 결과를 가져올 수 있기에 보수는 자연스러운 변화를 추구합니다. 그렇다고 보수가 사회의 발전 자체를 부정하는 것은 아닙니다. 다만 보수는 혁명적인 빠른 사회변화가 그것을 수용하지 못하는 인간의 전통과 충돌하면서 비극이 생길 것이라 걱정합니다. 진보는 그 반대입니다. 위험도 있지만 그런 변화를 통해 사회가 조금씩 나아진다고 생각합니다.

　진보사관, 보수사관이라는 것이 있습니다. 진보사관은 진보적인 관점에서 역사를 해석하고, 인류 역사가 과거를 극복하며 어떤 목적을 향해 발전한다고 봅니다. 보수사관은 과거와 현재가 이어져 있고 과거 없는 미래란 불가능하다고 봅니다. 이렇게 보면 큰 차이 없이 밋밋해 보일 수 있지만, 일제 식민지와 한국 현대사에 대한 해석으로 들어가면 진보사관과 보수사관의 차이가 확 드러납니다. 진보사관은 광복과 해방이 일제 식민지라는 암흑기를 극복하는 과정이라 본다면, 보수사관은 일제 식민지와 해방 이후 현대사의 연관성을 강조합니다. 그래서 진보사관이 일제 강점기의 친일 행위를 청산해야 할 과제로 본다면, 보수사관은 식민지를 피할 수 없었던 근대화의 단계로 해석합니다. 한국이 근대화되는 과정에서 주권을 빼앗기고 일제의 식민지가 되었지만 산업의 기반을 마련하고 근대국가의 틀을 잡는 기회가 되었다는 것이지요. 지금도 이 두 사관은 첨예하게 대립하고 있습니다.

진보와 보수는 종교와 어떤 관련이 있을까요? 진보를 낳았던 계몽주의는 종교의 영향력에서 벗어나 신앙을 이성으로 대체하고자 했습니다. 그러니 진보와 종교는 전혀 어울리지 않는 것처럼 보입니다. 하지만 기독교를 급진적으로 해석하면 신 외에 지상의 권위를 인정하지 않아서 모두를 평등한 존재로 보고 소유권을 부정하는 사상이 되기도 합니다. 신의 말을 들어야지 왕의 말을 들을 필요가 없거니와 예수님도 가난한 사람들에게 재산을 나누어 주고 동족에게 빚을 면제하라 했으니 이 말을 그대로 믿고 따르는 사람들은 매우 급진적으로 되는 것입니다. 독재 정부가 시민들의 권리를 짓밟을 때도 종교 교단은 전 세계적으로 연결되어 있기에 쉽게 탄압을 받지 않았는데, 이때 종교 지도자나 단체들이 진보적인 시민사회운동을 지원하고 보호하는 방패 역할을 자처하기도 했습니다. 예를 들어 미국의 흑인민권운동에서는 마틴 루터 킹(M. L. King, 1929~1968) 목사나 남부기독교지도회의(SCLC)를, 한국의 민주화운동에서는 가톨릭농민회나 교구, 한국기독교교회협의회(KNCC)를 빼고 얘기하기 어렵습니다. 1974년, 당시 원주 가톨릭교구의 주교였던 지학순 신부(1921~1993)는 국가보안법 위반혐의로 구속되기도 했습니다. 신부가 정치적인 이유로 구속된 것은 흔치 않은 일로 당시 전 세계의 화제가 되었는데, 보수 진영에서조차 이런 종교 탄압을 받아들이기는 쉽지 않았습니다. 보수는 종교의 권위를 인정하고 종교적인 전통을 지키는 것이 개인과 사회에 이롭다고 보니까요.

서구의 경우 '기독당'처럼 기독교를 전면에 내세우는 정당이 있을 정도이고 한국에도 기독자유당과 같은 원외정당(소속 국회의원이 한 명도 없는 정당)이 있습니다. 이렇게 종교를 내세우는 정당은 대체로 보수적 성향을 가진 정당입니다.

정치적인 입장만큼이나 진보와 보수의 차이를 가장 극명하게 드러내는 부분은 소유권에 관한 입장이라 볼 수 있습니다. 진보는 사회 전체의 공익을 위해서라면 개인의 소유권을 제한할 수 있고 나아가 개인의 소유보다 공동의 소유를 권하는 입장입니다. 가장 극단적인 형태가 사적 소유를 부정하는 공산주의라고 볼 수 있겠지요. 반면에 보수는 개인의 소유권을 가장 중요하게 보고 정부의 역할이 이런 소유를 보호하는 것이라고 봅니다. 가장 극단적인 입장이 개인주의라고 볼 수 있습니다. 진보의 자유가 낡은 계급 질서를 무너뜨린 평등한 사회에서 꽃 피운다면, 보수의 자유는 소유권의 보장과 자유로운 활용에서 꽃을 피운다는 것입니다.

마지막으로 진보에게는 자기반성과 성찰이 매우 중요합니

다. 지금 가는 길이 정말 다수와 약자를 위한 것인지 확인하려면 진보는 걸어온 길을 계속해서 돌아봐야 합니다. 따라오지 못하는 사람은 없는지, 속도가 너무 빠르지는 않은지, 방향을 잘못 잡은 것은 아닌지 확인이 필요합니다. 이것은 현재의 질서를 유지하려는 보수와 새로운 길을 만들려는 진보가 보이는 중요한 차이라고 할 수 있습니다.

3
진보와 보수의
'사이'

진보와 보수 사이에도 길이 하나 놓여 있습니다. 흔히 중도, 중용이라 불리는 입장입니다. 동양에서 중용은 '과하거나 부족함이 없이 떳떳하며 한쪽으로 치우침이 없는 상태나 정도'를 가리킵니다. 서양철학에서도 중용은 양쪽 극단 사이의 미덕, 즉 비겁함과 무모함 사이의 용기, 무지와 만용 사이의 지혜를 가리켰습니다. 그렇지만 중용은 단순히 중간의 입장이 아니라 실천적 지혜를 갖춘 자, 다시 말해 특정한 상황을 민감하게 판단하고 대응하는 사람인 '프로니모스(phronimos)'의 선택이기도 합니다.

그런데 이런 중용이나 중도의 입장을 지키는 건 말처럼 쉽지 않습니다. 그런 입장을 만들지 못하는 게 아니라 진보와 보수가 극단적으로 대립하는 사회에서는 그런 입장이 유지되기 어렵습니다. 왜냐하면 '너는 누구 편인가?'라는 질문을 받으며 어느 편에 동참할 것을 끊임없이 요구받기 때문입니다.

한국에는 '정치 철새'라는 말이 있습니다. 선거철에 자기 이익을 챙기며 이 정당 저 정당을 떠도는 정치인을 가리키는데, 대개 상대방을 비하하거나 비난하는 뜻으로 쓰이고 있습니다. 눈앞의 이익만을 좇아 철새처럼 옮겨 다니는 정치인들이 실제로 적지 않기 때문입니다만, 정치인도 사람인 만큼 생각이나 신념이 달라지면 기존의 입장을 바꿀 수도 있지 않을까 싶기도 한데요.

정치 철새는 정치적 이념이 발전하지 않은 한국의 독특한 정치문화라고 볼 수도 있습니다. 정당의 이념과 색깔이 명확하지 않으니까 입맛대로 당적을 바꾸는 것도 그만큼 쉬워지는 것입니다. 이념과 색깔이 불투명한 반면에 정당 내에서 공천권(선거 때 정당의 후보를 결정할 권한)을 쥐고 영향력을 행사하는 무리들은 있게 마련이니 그런 무리와 협상만 잘 되면 눈앞의 목표는 이루는 셈입니다. 이렇듯 정치 철새는 결코 바람직하지 않은 '보스 정치'와도 떼어놓을 수 없는 개념입니다. 또 한국의 정치제도가 정치 철새를 권장하는 모양새인 것도 지적받아야 할 문제입니다. 새로운 정치인이나 정당이 출현하기 어렵게 되어 있는데, 예를 들어 새로운 정당을 만들려면 전국 5개 시도 이상에서 각각 1천 명 이상의 당원을 모아야 합니다. 이름이 잘 알려진 기성 정치인들에게는 별일 아닐지 모르지만 새로운 사람이 이 정도 인원을 모으기란 매우 어려운 일입니다. 선거운동을 제한하는 공직선거법이 이름난 정치인들에게 유리하도록 만들어져 있는 것도, 국회의원이 있는 정당에만 국고보조금을 지급하는 정당법 때문에 이름만 바꿔서 새 정당을 만드는 국회의원들이 생기는 것도 다 마찬가지입니다.

그런가 하면 편을 가르는 한국의 정치문화가 중도를 막아서기도 합니다. 언제나 네 편 내 편을 가르고 내 편에는 관대하지만 다른 편에는 가혹합니다. 내로남불(내가 하면 로맨스, 남이 하면 불륜)이라는 말이 유행합니다. 정치만이 아니라 일상도 그렇습니다. 사회네트워크서비스(SNS)라고 하지만 자신과 의견을 같이하지 않으면 곧바로 친구를 끊거나 차단해 버립니다. 네트워크라는 말이 무색해집니다. 그러다 보니 친구의 수는 늘어나도 소수의 의견들만 계속해서 공유되는 상황이 연출됩니다. 정보의 양은 훨씬 늘어났지만 인식은 더욱 편협해지기도 합니다. 요즘은 인터넷과 유튜브가 활성화되어 자기 의견을 주장하기도 예전에 비해 쉬워졌는데, 또한 그만큼 극단적으로 변하기도 합니다. 정치인에 대한 '팬덤'도 덩달아 극단적이 되다 보니 정치 철새를 좇아 팬들도 이리저리 둥지를 옮겨 다닙니다.

상황이 이렇다 보니 한국에서는 중도나 중용의 정치가 발전하기 어렵습니다. 흔히 진보와 보수 어느 쪽에도 치우지지 않는 입장을 '중도주의'라고 부르기도 합니다. 한국에도 '중용민주주의'(meanocracy)라는 말이 등장하기도 했는데요. 민주주의라는 것을 완벽한 시스템으로 이해하지 않고 필요에 따라 고쳐 쓸 수 있는 실용적인 모델로 생각하면 한편으로는 중용이 합당해 보이기도 합니다. 모두가 중용을 지킬 필요는 없지만 그런 입장도 필요한 것이지요.

그렇지만 인류 역사에서 중도주의는 보통 진보보다는 보수적인 성향을 띠는 경우가 많았습니다. 중간을 지킨다는 것이 사실은 변화를 거부하는 쪽으로 많이 기울었기 때문입니다. '달리는 기차에 중립은 없다'는 말처럼 정치에서 중립은 이미 진행 중인 방향을 따라가기 쉽습니다. 그래서 중도주의는 단지 진보와 보수의 '사이'가 아니라 '다른' 대안으로 구체화되어야만 가치를 가집니다. 사실 서구에서는 사회민주주의나 유로코뮤니즘(유럽식 공산주의), 복지국가, 제3의 길과 같은 여러 대안들이 이미 등장했습니다. 이론을 그대로 따르는 사회주의와 자본주의는 현실에 존재하지 않았고, 각 나라마다 조금씩 변화가 이뤄졌습니다. 순수한 형태의 진보나 보수는 이론으로만 존재

인류 역사에서 중도주의는 보통 진보보다는
보수적인 성향을 띠는 경우가 많았습니다.
중간을 지킨다는 것이 사실은 변화를 거부하는 쪽으로
많이 기울었기 때문입니다.

하고 실제 현실에서는 다양한 논쟁을 거치며 새로운 형태로 나타난 것입니다.

그러나 한국전쟁을 겪고 남북한으로 분단되어 반공주의가 강했던 한국에서는 여러 가지 사상들이 논쟁을 벌이며 발전하기 어려웠습니다. 자연히 한국에서는 중도주의를 비롯한 다양한 사상을 찾아보기 어렵게 되었습니다. 안타까운 일이지만 그저 안타까워하고만 있을 수는 없습니다. 우리에게도 저마다 색깔이 다른 고민과 그에 따른 입장들이 필요합니다. 그 입장이 중도를 표방하든 아니든 말이지요. 정치에는 정답이 없는데 자꾸 한 가지 정답만을 주장하거나 자기 편의 의견만 듣고 끊임없이 너는 누구 편인지를 묻는 문화는 이제 바뀌어야 합니다.

2022년 대통령 선거와 관련한 언론 여론조사에서 중도층을 표방하는 사람들이 늘어났습니다. 여론조사기관인 한국갤럽의 조사에 따르면, 2021년 12월 유권자 비중이 진보층 23%, 보수층 28%, 중도층 34%로 중도층이 가장 많은 비중을 차지했습니다. 대통령 선거를 앞둔 상황이라 이념적인 중도보다는 특정 후보에 대한 지지와 반대로 진보, 보수가 갈렸을 수 있지만 중도층이 가장 많은 건 어느 쪽도 지지하지 않는 유권자가 늘어난 것이기도 합니다. 그렇다면 한국에서도 중도주의가 활성화될 가능성이 생긴 걸까요? 중도라기보다는 어느 한 편으로 마음을 정하지 못한 부동층(swing voter)이라고 봐야 합니다. 이 부동층의 표를 받는 후보가 선거에서 승리할 가능성이 크니 부동층의 생각을 분석하는 것이 중요하겠지요. 그렇지만 자기 내용 없이 떠다니는 층은 극단을 설득하기 어렵습니다. 한국에도 중도의 가능성이 열렸지만 중도주의라 불릴 만한 내용을 만드는 과제가 생긴 셈입니다.

4
진보와 보수의
공통점은 없을까?

흥미롭게도 진보와 보수가 공통된 입장을 내보이기도 합니다. 진보와 보수가 같은 입장을 보인 가장 대표적인 사안은 세 가지입니다. 첫째는 독재에 대한 반대이고, 둘째는 지구 생태계의 보전, 셋째는 공익에 대한 존중입니다.

먼저 진보와 보수 모두 부당한 권력이나 독재에 반대합니다. 과거의 보수는 국왕제를 지지했지만, 현대의 보수들이 국왕을 지지하는 경우는 없습니다. 그런 주장을 하는 정치세력이라면 이제 살아남기 어려울 것입니다. 영국이나 일본처럼 왕실을 두는 경우는 있어도 그것이 실제 권력을 좌우하지는 못합니다. 진보와 보수 모두 권력이 정당성을 가져야 하고 그 정당성은 국민들의 투표로 결정된다고 봅니다. 그래서 정치인을 선거 진보와 보수 모두 부당한 권력이나 독재에 반대합니다.
권력은 정당성을 가져야 하고
그 정당성은 국민들의 투표로 결정된다고 봅니다.

로 뽑지 말자고 주장하는 진보나 보수는 이제 찾아볼 수 없습니다.

그리고 진보든 보수든 권력의 작동 방식이 기본적으로 민주주의 원칙을 따라야 한다고 봅니다. 다만, 그 민주주의를 어느 정도로 적용해야 하는지에 대한 입장이 다르다고 볼 수 있습니다. 가령 진보는 민주주의가 직접민주주의, 즉 시민들에게 더 많은 결정권을 줘야 한다고 본다면, 보수는 민주주의가 간접민주주의, 즉 전문가나 정치인들이 현명하게 결정을 내리도록 해야 한다고 봅니다. 그렇지만 민주주의 자체를 부정하며 독재를 지지하는 진보나 보수는 없습니다. 이제 그 정도의 합의는 이루어진 셈입니다.

둘째, 보통 진보는 과학기술을 통한 사회발전을 지지하고 보수는 전통을 고수한다고 여겨집니다. 하지만 1960년대 이후 진보 진영 내부에서는 자본주의의 생태계 파괴를 문제시하는 흐름이 만들어지기 시작했습니다. 경제성장이 지구 생태계를 파괴하고 심각한 환경문제를 일으키자 이에 반대하는 운동들이 등장한 것입니다. 그러면서 녹색운동을 비롯해 생태계를 보전하려는 움직임이 활발해졌습니다. 진보라고 해서 무조건 성장하고 발전하는 것을 지지하지 않게 된 것이지요.

한편 보수는 자연과 전통의 보존을 존중했지만 정부가 기업

활동에 개입하는 것을 좋아하지 않았기 때문에 기업활동의 자유를 지지했습니다. 그러다 환경문제가 심각해지자 보수도 적극적으로 생태계를 보전하는 활동에 나설 수밖에 없었습니다. 생태계 파괴의 원인과 보전 방법에 대한 구체적인 생각은 다르지만 이제 지구 생태계 문제는 진보와 보수를 가리지 않고 논의하고 협력하는 사안이 되었습니다. 더구나 온실가스의 증가로 인한 기후변화는 진보와 보수를 넘어 인류 모두의 공통과제가 되었습니다. 기후변화를 발생시킨 원인에 대한 분석은 달라도 함께 대처해야 한다는 점은 분명해졌습니다.

셋째, 진보와 보수 모두 개인의 이해관계와 더불어 공공의 이익도 존중해야 한다고 봅니다. 진보는 개인의 자유를 존중하되 사회 전체의 공익을 무시하지 않고, 보수는 개인의 가치가 사회 속에서 형성된다고 보기에 공익을 앞세워야 한다고 보는 점에서 비슷한 입장입니다. 사회의 이익보다 개인의 이익만을 앞세우는 순간 공공성이 파괴되기 때문입니다. 물론 개인의 이해관계와 공공성이 서로 충돌할 때는 세부적인 사항에서 진보와 보수의 입장이 갈리기도 합니다. 예를 들어 진보는 물과 같은 공공재가 최대한 모든 사람에게 싼 가격으로, 때론 무상으로 공급되어야 한다고 본다면 보수는 합리적인 가격을 지불한 사람에게만 공급되어야 한다고 주장합니다. 철도와 같은 공공

보수와 진보는 여러 가지 사안들에 대해 서로
다른 입장과 대안을 제시하며 논의를 활성화시킵니다.
우리에겐 더 많은 진보와 보수가 필요합니다.

교통도 진보가 비용과 상관없이 모든 이의 이동권을 보장해야 한다고 본다면, 보수는 필수노선을 빼면 민영화하고 이용자가 비용을 부담하는 방식을 선호합니다. 그렇지만 두 입장 모두 사회의 해체를 바라지 않고, 사회가 유지되기 위해서는 공익을 무시할 수 없다고 보는 점에서는 동일하다고 볼 수 있습니다.

앞서 다뤘던 것처럼 진보와 보수는 분명한 차이를 보이는 점도 있고 비슷한 입장을 보이는 점도 있습니다. 보수와 진보는 여러 가지 사안들에 대해 서로 다른 입장과 대안을 제시하며 논의를 활성화시킵니다. 그런 점에서 진보와 보수의 갈등은 사회를 발전시키는 힘이고 잘못된 정책 결정으로 인한 실패를 줄이는 방법이기도 합니다. 우리에겐 더 많고 더 다양한 진보와 보수가 필요합니다.

II.
한국의 진보와 보수

가짜 진보와 가짜 보수는
서로를 자신의 알리바이로 삼고
새로운 정치의 출현을 방해하는
기득권 정치세력입니다.

한국에서 진보와 보수는 어떻게 자리를 잡았을까요? 1장에서 진보와 보수의 개념을 다뤘다면, 2장에서는 한국의 정치사를 훑어보며 진보와 보수가 어떤 차이를 보였는지를 이야기해 보려고 합니다.

한국에서 진보라는 말을 처음 사용한 곳은 1898년 4월 9일에 창간된, 한국 최초의 일간신문이라 불리는 〈매일신문〉입니다. 〈매일신문〉은 창간 논설에서 "국가 문명 진보에 만분지 일이라도 도움이" 되고자 창간한다고 밝혔습니다.

이렇게 한국에서 진보는 '국가', '문명'이라는 단어와 함께 쓰이기 시작했습니다. 이것이 어떤 효과를 발휘했을까요? 서구에서 진보의 주체가 자율적인 시민 개인이었다면 흥미롭게도 한국에서는 그 주체가 강해져야 하는 국가였고, 서구에서 진보의 방법이 이성을 통한 각성이었다면 한국에서는 그 방법이 외국문물의 수용이었습니다. 이 차이는 한국의 진보와 보수에게 많은 영향을 미쳤고, 국가주의(국가를 가장 상위의 공동체로 보고, 시민의 권리보다 국가의 성장이 앞선다고 본다)와 외세에 의존하는 경향을 띠게 했습니다. 그래서 서구와는 전혀 다른 한국의 진보, 보수의 흐름이 만들어졌는데, 이 장에서는 그 특징을 살펴보려 합니다.

1

진보와 보수의
시조를 찾아라

한국에서 진보와 보수의 시조는 개화기에 등장했습니다. 그 이전에도 사회를 바라보는 관점은 존재했지만 앞서 다뤘던 특징을 공유하는 진보와 보수는 이 시점에 나왔다고 볼 수 있습니다. 1907년 4월 24일과 25일자 〈황성신문〉에는 '보수와 진보'라는 논설이 실렸습니다. 이 논설에 따르면, 보수적인 사람들은 진보적인 사람들이 질서의 원수이자 사회를 갉아먹는 존재라고 보고, 진보적인 사람들은 보수적인 사람들이 진보의 장애물이자 문명의 공적이라고 비판합니다. 그러면서 맨날 싸우지만 말고 서로의 입장이 보완될 수 있으니 함께 가는 게 어떠하냐고 제안합니다. 이 논설을 보면 진보와 보수라는 말이 한국에서도 분명히 쓰이고 있음을 알 수 있습니다. 보수는 진보가 사회질서를 뒤흔드는 위험이라 봤고, 진보는 보수가 문명의 발전을 방해하는 장애물이라 봤으니까요.

당시 진보를 가장 적극적으로 수용했던 쪽은 독립협회였습니다. 독립협회는 서구문물을 들여와 조선을 근대화시키려 했던 단체로 1896년에 만들어졌습니다. 독립협회는 최초의 근대적인 정치 조직으로 불리기도 하는데, 양반자제들이 만든 엘리트 단체로서 〈독립신문〉이라는 언론을 만들고 만민공동회를 조직하는 등 의욕적으로 활동했습니다. 반대로 이런 흐름을 걱정스럽게 지켜보던 쪽은 동학이었습니다. 1860년에 수운 최제우가 창건했는데, 독립협회가 만들어지기 몇 년 전인 1893년에는 척외양(斥倭洋), 즉 왜적과 서양을 배척하라는 상소를 정부에 보내기도 했습니다. 외세의 간섭과 조선왕조의 부패, 이런 문제들을 우려하며 상소를 올리던 농민들이 등장하면서 서학을 반대한다는 의미로 동학이란 이름을 지은 것입니다. 이런 점에서 독립협회와 동학이 한국의 진보와 보수를 대변한다고 볼 수 있습니다. 물론 한국의 현실에서 독립협회는 진보이고 동학은 보수다, 이렇게 단순한 이분법으로 나누기 어려운 점도 분명히 존재합니다. 하지만 하나의 입장을 형성한 집단으로서 독립협회와 동학을 비교해 보면 한국의 진보와 보수의 특징이 잘 드러날 거라 생각합니다.

독립협회는 1896년 7월 2일 서재필, 이상재, 윤치호 등이 만든 단체입니다. 입헌군주제(왕이 있으나 실제 권력은 헌법에 따라 구성된 기관이 갖는 제도)를 도입하려 했고 국회 격인 중추원을 만들어 왕의 권력을 나누려 했습니다. 그리고 서구의 제도를 본따 재판 시에 피고의 인권을 존중할 것을 요구하는 등의 '헌의 6조'를 왕실에 제안한 것으로 유명합니다. 독립협회는 이런 제도개혁을 위해 언론과 대중운동을 적절히 이용했습니다. 특히 서재필의 〈독립신문〉은 독립협회의 입장을 잘 대변하는 매체였습니다. 1899년 8월 5일자 〈독립신문〉은 '진보론'이라는 글에서 이렇게 말했습니다.

"태초 시에 하나님께서 만물을 창조하시매 사람이나 금수가 다 같은 동물이로되 사람은 영매한 지식이 날로 진보하기를 한정이 없는 고로 능히 토지를 개척하며 스스로 나라를 이루고 임금을 받들어 교화로 백성을 가르치게 하였으니 백성이 임금을 섬기는 것이 군사가 장수를 복종하는 것 같은지라."(출처, 대한민국 신문아카이브(https://nl.go.kr/newspaper)

이 기사에서는 인간 이성에 대한 독립협회의 입장이 잘 드러나 있습니다. 인간이 동물과 다른 점은 지식을 습득해서 지혜

서재필을 주축으로 한 독립협회는 문명 진보의
과업을 평민들보다는 군주의 의지로 해석하고자
했습니다. 문명화된 군주가 나라와 백성을
진보시키길 기대한 것이지요.

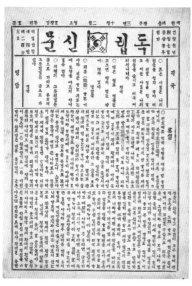

· 독립신문과 서재필 ©대한민국역사박물관 ·

로워지고 날로 진보하기를 바란다는 것입니다. 이런 주장은 인간 이성을 적극적으로 활용해 교육받고 날로 새로워져야 인간답게 사는 세상을 만들 수 있다는 서구 진보의 입장과 동일합니다. 그런데 여기에서의 진보는 개인보다 나라의 발전과 더 긴밀하게 연결되어 있었고 왕이나 장수 같은 기존의 위계질서를 인정하고 있습니다. 외세의 영향력에 시달리던 시대였기에 한국의 진보는 시민의 권리보다 나라의 부강에 더 많은 관심을 가졌고 이는 보수와의 경계를 흐릿하게 만들었습니다.

그렇다고 해서 독립협회가 개인의 권리를 무시했던 것은 아닙니다. 독립협회는 민주주의와 관련해서는 왕을 부정하지 않는 입헌군주제를 따랐지만, 시민의 권리를 강조하기도 했습니다. 1897년 3월 9일자 〈독립신문〉은 진보의 첫째 기준이 "그 나라 사람들이 자기들의 백성된 권리를 찾으려고 하는 것"이라고 지적했습니다. 여기서 백성은 "다만 벼슬 아니하는 사람만 가지고 말하는 것이 아니라 누구든지 그 나라에 사는 사람은 모두 그 나라 백성이라 백성마다 얼마큼 하나님이 주신 권리가 있는데 그 권리는 아무라도 뺏지 못하는 권리"라고 천부인권설을 받아들였습니다. '하나님이 주신 권리'라니 당시에는 아주 낯선 논리였을 텐데, 〈독립신문〉은 이를 공언하고 있는 것입니다.

그러나 한편으로는 조선의 백성이 "몇백 년을 자기 나라 사람들에게 압제를 받아 백성의 권리라 하는 것은 당초에 다 잊어버렸고 또 무슨 뜻인지도 모르는지라"라고 하며 백성노릇을 잘 하지 못한 역사를 지적하고 있습니다. 이렇게 인권을 언급하면서 권리를 찾으라고 강조한 것은 진보의 입장이라 볼 수 있지만 자신의 권리를 자각하지 못한 존재라며 이를 유보시키기도 했습니다. 그래서 독립협회는 문명 진보의 과업을 평민들보다는 군주의 의지로 해석하고자 했습니다. 문명화된 군주가 나라와 백성을 진보시키길 기대한 것이지요. 이는 시민의 각성을 통한 사회변화보다 군주의 자각을 통한 변화를 지지한 것이라 보수의 시각에 좀 더 가깝습니다.

이처럼 독립협회의 입장은 어떤 점에서는 진보적이지만 다른 점에서는 보수적이기도 했습니다. 즉 인간 이성을 활용해 더 나은 방향으로 사회를 변화시키고 교육을 적극적으로 활용하며 백성의 권리를 존중하려 했지만, 다른 면에서는 군주와 국가를 위한 진보가 이야기되고 대중을 무시하는 엘리트주의도 드러냈으며 외세를 비판하면서도 일본에 의지하는 이중적인 모습을 보였습니다. 앞서 얘기했던 국가주의와 외세에 의존하는 경향이 진보에서 나타난 셈입니다.

서구의 진보라고 해서 모순이 없는 것은 아니나 한국의 진보는 국가와 시민권, 군주와 백성, 개화된 외세와 주권 사이에서 갈팡질팡한 면이 있습니다. 부강한 나라를 만들기 위해서라면 시민권을 보류하고 자율성을 포기하면서 강자를 추종할 수 있다는 생각이 진보주의자들에게서도 드러난 것입니다.

독립협회의 주축이 당시의 엘리트들이었다면, 동학은 최제 우라는 유학자가 문을 열었으나 수많은 평민들이 참여했던 대중운동이었습니다. 당시 유행하던 서학(천주교)에 맞서 나라를 보호하겠다고 나섰고 외세를 배척했다는 점에서 동학은 보수적인 성향을 가지고 있습니다.

특히 동학은 당시의 조선왕조를 부정하지 않았습니다. 동학은 평등의 사상이었지만 기존의 위계질서를 적극적으로 무너 뜨리려고 하지는 않았습니다. 동학이 주장했던 무위이화(無爲 而化) 개념은 서구와 달리 물리적인 힘을 동원해서 억지로 사회를 바꾸는 것을 반대했습니다. 그리고 이 변화는 기존의 것을 무(無)로 만들고 새로움을 창조하는 변화가 아니라 생명의 성장과 순환과도 같이 '조화'를 찾아가는 변화였습니다.

이런 내용은 서구의 진보나 보수 개념으로 해석되기 어려운 동양의 개념입니다. 동학은 인간이 이성적인 존재로서 권리를 가진다고 보지 않고 한울님을 모신 존재로서 그 자체로 존엄하다고 봤습니다. 즉, 인간은 자연과 분리되지 않은 영성을 가진 존재로서 스스로 존엄성을 가진다는 것입니다. 이것은 기존의 신분질서를 부정하는 주장이었지만 그것을 무너뜨리는 주장은 아니었습니다. 인간이 자연이라는 더 큰 질서 속의 존재라고 보는 점에서 동학은 보수적이었습니다. 그리고 동학의 교육관은 자아를 찾아가는 근대 교육과 달리 우주 만물의 이치를 깨닫고 만물을 존중하는 수행에 가까웠습니다. 과거의 신분질서로 수렴되지는 않았지만, 조화와 질서를 중요하게 여겼다는 점에서 동학의 교육은 보수적인 입장으로 해석될 수 있습니다.

그러나 한편으로 동학은 서학의 평등사상을 받아들이기도 했습니다. 특히 지배자들이 독점하던 하늘(天)을 뒤집어 사람이 하늘이고(人乃天) 백성이 하늘이라고 선언했는데, 이것은 하늘을 맨 위에 두고 수직적인 질서를 세운 성리학 체계를 완전히 뒤집는 혁명적인 사상이었습니다. 당연히 양반들은 이런 주장에 경악할 수밖에 없었지요. 그러나 동학은 그 사상만큼 급진적으로 사회를 바꾸려고 하지 않았고 지배계급에 대한 입장도 분명하지 않았습니다.

이처럼 동학은 기존의 질서를 힘으로 무너뜨리려고 하지 않았음에도, 조선왕조는 청나라와 일본 같은 외세의 눈치를 보며 동학운동을 탄압했습니다. 이런 탄압을 받으면서도 동학운동

동학은 인간이 이성적인 존재로서 권리를 가진다고
보지 않고 한울님을 모신 존재로서 그 자체로
존엄하다고 봤습니다. 이것은 기존의 신분질서를
부정하는 주장이었지만 그것을 무너뜨리는
주장은 아니었습니다.

· 동학 2대 교주 해월 최시형 ·

은 점차 교세를 넓혔고 1892년에는 전라도 고부 군수 조병갑에 맞서 반란을 일으키기도 했습니다. 고부 군에서 봉기했을 당시 동학 농민군은 사람을 죽이지 말고 재물을 손상하지 말 것, 충효를 다해 제세안민(濟世安民)할 것, 일본 오랑캐를 몰아내고 성도를 밝힐 것, 군사를 거느리고 입경해 권귀(權貴)를 모두 죽일 것 등을 요구했습니다. 일본을 몰아내고 귀족들을 없애자고 주장한 것은 일면 과격하게 보이지만 충효를 다하고 재물을 손상하지 말라고 주장한 점은 온건해 보이기도 합니다. 이것은 동학이 인위적인 혁명보다 자연스러운 조화를 중요하게 여겼기에 가능했던 주장이기도 합니다.

1894년 5월 전주에서 전투를 벌이던 동학군과 조선왕조가 화해의 협약을 맺을 때는 노비 문서를 불태울 것, 과부의 개가를 허락할 것, 명분 없는 잡세를 거두지 말 것, 관리 채용 시 연고주의를 타파하고 인재를 등용할 것 등의 조항이 들어갔습니다. 이 전주화약 이후 동학군과 조성왕조의 합의로 전라도 53개 관아에 설치된 집강소는 농민들이 직접 통치에 개입했다는 점에서 매우 중요했습니다. 집강소에는 조직을 운영하는 집강(執綱)과 업무를 나누어보는 서기, 집사 등의 임원이 있었는데 이들은 모두 평민이었습니다. 평민들이 주도하는 집강소가 행정과 치안을 담당하며 직접 폐정개혁을 추진했다는 사실은 당시의 신분질서를 완전히 뒤집는 사건이었고 이런 사실은 동학의 진보적인 면모라고 볼 수 있습니다.

그런데 농민들이 사활을 건 전투에 나서고 있는 상황에서도 전봉준과 같은 동학의 지도자는 대원군과 손을 잡으려 시도했습니다. 당시 농민군이 내건 구호도 보국안민(輔國安民)과 폐정개혁(弊政改革), 다시 말해 나라를 지켜 백성을 평안히 하고 부패한 정치를 개혁하자는 것이었는데요. 이런 점을 보면 동학의 사상과 운동 사이에는 일정한 괴리가 있었다고 볼 수밖에 없습니다. 앞서 살폈던 독립협회처럼 동학운동에서도 보수와 진보적인 면이 섞여 있는 것입니다.

이처럼 근대의 시작부터 한국의 상황은 강대국들의 침략과 신분제도의 붕괴, 여러 차례의 농민반란으로 혼란스러웠습니다. 독립협회와 동학은 변화를 바라는 시대의 요청에 대한 응답이었고 그런 만큼 일정한 모순을 품고 있기도 했습니다. 이 둘의 사례를 보면 한국에서 진보와 보수는 서구처럼 뚜렷한 경계선을 그리며 시작되지 않았고 진보적인 면과 보수적인 면을 동시에 가지고 있었습니다. 이런 양면성은 이후의 역사에도 일정한 영향을 미칠 수밖에 없었습니다.

2
누가 진보이고
누가 보수일까?

한국에서 진보와 보수를 구분할 수 있는 기준은 무엇일까요? 앞서 살폈던 인간 이성에 대한 태도, 교육과 민주주의, 자유, 종교, 소유권, 자기성찰에 대한 진보와 보수의 입장은 한국에서도 비슷하게 드러납니다. 그런데 그런 입장이 일관되게 나타나지는 않습니다. 이것은 사상이 발전하는 사회조건과 관련이 있는데, 일제 식민지를 경험했고 그 뒤에는 미국과 소련이라는 강대국에 의해 분단되어 동족끼리 전쟁까지 치른 국가, 그 뒤에는 남북한이 대치하며 강력한 군사독재가 자리를 잡았던 국가라는 상황이 서구와는 매우 달랐기 때문입니다.

그래서 같은 개념이라도 상황에 따라 그 개념이 달리 적용되기도 합니다. 예를 들면 '사람 취급'을 해달라는 말이 있습니다. 진보의 관점에 따르면 인간은 이성을 가지고 있기에 동물과 다르고 이성을 가진 존재로서 인간은 동등합니다. 그러니까 진보는 사람을 차별하지 않아야 합니다. 하지만 강한 나라를 만들어야 한다는 강박관념은 능력에 따라 사람을 차별하고 필요하다면 때려서라도 사람을 가르쳐야 한다는 생각을 정당화시키기도 했습니다. 능력이 부족한 식민지인들이기에 평등하게 권리를 누릴 수 없다는 생각은 독립협회를 비롯한 개화파의 주장에서도 드러났습니다. 〈독립신문〉은 동학을 '비도'라고 부르며 외국 군대의 도움을 받아서라도 진압해야 한다고 주장했습니다. 백성은 권리를 누려야 할 온전한 시민과 배우고 개화되어야만 권리를 누릴 수 있는 신민으로 나뉘었습니다.

물론 이렇게 사람을 차별한 것이 한국만의 특수한 현상은 아닙니다. 이런 생각은 서구의 진보에서도 나타났고 식민지 주민들에게는 이성이 없으니 강제로 개화되어야 한다는 폭력적인 논리로 변하기도 했습니다. 서구의 계몽주의자나 진보주의자조차도 식민지의 주민들을 동등한 인간으로 여기지 않았습니다. 유명한 계몽주의자이자 작가인 볼테르(Voltaire, 1694~1778)조차도 "사냥개와 똥개가 다르듯 흑인종은 우리와 다른 인종이다."라는 말을 남길 정도였습니다. 서구에는 아시아인이나 흑인 같은 유색인종은 이성이 발달하지 않았기에 때려서라도 가

유명한 계몽주의 사상가이자 작가인 볼테르조차도
"사냥개와 똥개가 다르듯 흑인종은 우리와 다른
인종이다."라는 말을 남길 정도였습니다.

르쳐 문명인으로 만들어야 한다는 진보주의자들이 적지 않았습니다. 인간에게 이성이 있지만 인간 대접을 못 받는 사람에겐 이성이 없다는 것입니다. 그래서 많은 계몽주의자들이 식민지를 만들어 그들을 개화시켜야 한다고 믿었고 한국의 경우도 다르지 않았습니다.

　개념의 의미가 상황에 따라 달라지기도 한다는 점은 또 다른 사례에서도 드러납니다. 통치과정에 참여하는 것은 민주주의를 발전시키는 일이지만 상황에 따라 전혀 다른 모습을 보이기도 합니다. 예를 들어, 식민지 지배를 받으며 조선왕조가 무너지고 형식적으로 중추원이나 부·읍·면 협의회 같은 대의기구가 만들어지면서 조선인들도 식민지 정책에 참여하게 되었습니다. 이렇게 식민지 시기에 만들어진 대의기구가 한국의 민주주의에 긍정적인 영향을 미쳤다고 평가하기는 어렵습니다. 왕이나 사대부들이 모든 것을 결정하는 것보다는 나아졌다고 볼 수 있지만, 민주주의에서 '참여'가 중요하다고는 해도 식민통치에 적극적으로 가담한 사람을 진보적이라 부르기는 어렵습니다. 마찬가지로 식민지 시기에 많은 학교가 만들어졌지만 황국신민을 기르기 위한 교육을 진보적이라 부르긴 어렵습니다. 이처럼 같은 개념이라도 서로 다른 사회적 조건에 놓이면 그 효과가 달라집니다.

또한 서구와 달리 개인보다는 공동체가 강조되었던 한국에서는 공공성이 더욱 부각되기도 했습니다. 서구에서 사적 소유권을 고집하는 것이 보수이고 공동 소유를 지향하는 것이 진보였다면, 한국에서는 사적 소유권만을 앞세우는 건 보수와 진보 모두에게 비판을 받았습니다. 그래서 해방 이후 1948년에 제정된 제헌헌법 제18조는 "근로자의 단결, 단체교섭과 단체행동의 자유는 법률의 범위 내에서 보장된다. 영리를 목적으로 하는 사기업에서 근로자는 법률이 정하는 바에 의하여 이익의 분배에 균점할 권리가 있다."라며 이익균점권을 인정했습니다. 즉 제헌헌법은 사(私)기업의 경우에도 노동자가 기업의 이익을 창출하는 데 이바지했으니 그 이익을 분배받을 권리가 있다고 명시한 것입니다. 지금이라면 절대로 기업주들이 받아들이지 않을 이러한 권리를 제헌헌법이 명시했다는 건 당시에는 보수와 진보 상관없이 이를 공감했다는 점을 뜻합니다. 그런 점에서 진보와 보수를 가르는 서구에서의 기준이 한국에서는 맥락에 따라 조금씩 다르다고 말할 수 있습니다.

그렇다면 한국에서 보수와 진보의 기준은 어떻게 논의되었을까요?

일제 식민지 시기와 해방 이후, 미군정 시기에 한반도에서는 사상투쟁이 치열하게 벌어졌습니다. 그리고 이 갈등은 한국 전쟁으로 폭발하기에 이르렀습니다. 수많은 군인과 민간인이 목숨을 잃었고, 그로 인한 분노와 적대의 골은 깊어졌습니다. 1948년 12월 제정된 국가보안법과 1961년 제정된 반공법은 북한을 찬양하거나 북한에 이롭도록 행동하는 사람 등을 간첩으로 처벌했습니다. 그러면서 대한민국에서는 사회주의나 공산주의와 연관된 내용이 조금이라도 언급되면 엄한 처벌을 받게 되어서 새롭고 다양한 사상들이 싹트기 어려워졌습니다.

정부의 정책이나 노선을 비판하는 사람이나 세력을 '빨갱이'(북한이나 공산주의를 따르는 세력으로 몰아세우며 비난하는 말)로 몰아 제거하는 일이 늘어나고 군사독재의 폭력이 심해지면서, 한국에서는 국가폭력에 맞서 싸우는 사람들이 진보를 대변하게 되었습니다. 종교계에서 농민, 노동자, 학생, 지식인들에 이르기까지 다양한 사람들이 폭력적인 정부에 맞서 인권과 민주주의를 부르짖는 진보세력이 된 것입니다. 매우 다양할 수 있는 정치적 입장과 무관하게 폭력적인 정부에 맞선다는 이유만으로 진보로 불리게 된 것이지요.

그러나 민주주의를 외치는 시민들의 노력에도 한국 사회는 쉽게 바뀌지 않았고 독재 정부는 권력을 지키기 위해 시민들의 목숨을 빼앗거나 온갖 조작사건을 만들었습니다. 심지어 1986

년에는 북한이 금강산댐을 건설해서 서울을 물에 잠기게 만들려 한다며 전 국민에게 성금을 걷어 댐을 세웠던 '평화의 댐' 사건까지 있었습니다. 이런 코미디가 일상이었고 시민들은 소리도 없이 끌려갈까 봐 차마 입을 열지 못했습니다. 1987년 6월에 전국의 시민들이 시위에 나서 대통령직선제의 수용과 잘못된 헌법의 개정을 요구하고 마침내 힘에 부친 정부가 이를 수용한 뒤에야 변화의 물꼬가 조금 열렸습니다.

정부의 폭력과 탄압에 맞서 진보의 범위가 점점 넓어지는 동안 한국의 보수는 그 형체를 잃어갔습니다. 폭력적인 독재정권을 옹호하는 것은 보수라 불릴 수도 없는 터라, 보수는 자기 입장을 만들기 어려웠습니다. 서구의 관점으로 보면 보수라 평가될 수 있는 사람들까지 정부에 반대하면서 보수의 입지가 매우 좁아진 것입니다. 그래서 민주화 시기인 1987년 이전까지는 보수의 입장이 한국에서 잘 보이지 않고 보수라 일컫는 입장은 수구와 다를 바 없었습니다.

이런 분위기에서는 정당도 자기 역할을 맡기가 어려웠는데, 그럼에도 불구하고 진보를 표방하는 정당이 만들어지기도 했습니다. 해방과 한국전쟁 이후 한국 진보의 흐름을 잇는다는 평가를 받는 정당은 1956년 11월에 조봉암, 박기출 등이 만든 진보당(進步黨)입니다. 창립 행사에서 조봉암은 진보당의 지향점으로 민주적이고 평화적인 남북의 통일, 인민민주주의에 입각한 정치 실현, 계획경제체제를 통한 민족자본의 육성, 사회보장제도의 실시를 통한 모든 인민의 삶의 질 향상, 교육의 국가보장제도 실시를 주장했습니다. 지금의 눈으로 보면 그리 특별한 것도 없습니다만 그 시절에는 이런 이야기를 하기도 쉽지 않았습니다. 특히 한반도가 남북한으로 분단되면서 '평화통일'이란 말을 입 밖에 꺼낸다는 건 아주 위험한 일이기도 했는데, 결국 진보당은 북한의 평화통일전략에 호응했다며 국가보안법 위반으로 탄압을 받았고 강제로 해산되었습니다. 조봉암은 간첩으로 몰려 사형을 선고받았고 불과 3년 뒤인 1959년 7월 31일에 죽임을 당했습니다.

진보당의 강제 해산 이후에는 이렇다 할 진보정당이 등장하지 못했고 이름 있는 정치인들이 뭉쳤다 헤어지며 사실상의 양당제(두 개의 정당이 번갈아 집권하며 권력을 양분하는 체제)가 유지되었습니다. 정당의 이름들은 계속 바뀌어 왔지만, 핵심 정치인들은 거의 동일했고 새롭고 진보적인 정치세력이 끼어들기 어려웠습니다.

이렇듯 폭력적이고 비민주적인 정부에 대한 태도가 보수와 진보를 가르는 중요한 기준이었다면, 분단국가로서 통일에 대한 입장도 보수와 진보를 가르는 기준이었습니다. 분단을 경험하지 않은 나라에서는 중요하지 않았을 통일이 한국에서는 매우 중요할 수밖에 없었습니다. 처음에는 통일에 대한 입장이 찬성과 반대로 대립했지만, 1970년대를 지나면서는 통일로 가는 방법이 쟁점이었습니다. 북한과 접촉하고 교류하는 모든 통로를 정부가 독점하고 통제할 것을 지지하는 것이 보수의 입장이라면, 자발적인 교류를 통해 평화로운 통일의 가능성을 높이려 하는 입장이 진보였습니다. 보수의 경우 북한에 대한 반감이 진보에 대한 반감으로 이어지는 경우도 많았고, 소위 빨갱이에 대한 반감도 구체적인 내용보다는 감정이 앞섰습니다. 남북한이 서로 총구를 겨누고 민간인을 학살하기도 했던 한국전쟁은 누군가의 가족이 전쟁에서 희생되도록 만들었으니까요. '감정'은 전쟁의 원인보다는 총부리를 겨눈 상대에게 주목하게 만듭니다. 보수가 북한 정부의 몰락을 통한 통일을 원했다면, 진보는 불안정한 휴전 상태를 해결하고 평화통일이 되어야 한반도의 새로운 미래가 열릴 것이라고 봤습니다. 그리고 진보는 정부의 일방적인 정책이 아니라 민간과 함께 준비하는 통일을 주장했습니다.

이와 밀접하게 연관된 것이 '사상의 자유'입니다. 대한민국 헌법 제22조 1항은 "모든 국민은 학문과 예술의 자유를 가진다."고 규정하고 있습니다. 하지만 헌법 제37조 2항은 "국민의 모든 자유와 권리는 국가안전보장, 질서유지 또는 공공복리를 위하여 필요한 경우에 한하여 법률로써 제한할 수 있으며, 제한하는 경우에도 자유와 권리의 본질적인 내용을 침해할 수 없다."고 규정합니다. 즉 권리의 본질적인 내용을 침해할 수 없지만 국가는 시민의 권리를 제한할 수 있습니다. 본질적인 내용이 뭔가에 대해서는 여러 해석들이 있으나 이 조항을 근거로 국가보안법도 유지되고 정치의 다양성이 제한되었습니다. 국가보안법 때문에 북한이나 사회주의의 장점을 이야기하는 것은 비교적 최근까지도 금지어가 됩니다. 그런 점에서 사상의 자유를 제한 없이 보장해야 한다는 것이 진보라면, 국가의 안전을 위해 사상의 자유를 제한할 수 있다고 보는 것이 보수입니다. 자유롭게 통일과 사상을 논할 수 있어야 다양한 이념들이 등장할 수 있을 텐데, 한국은 지금도 그런 과정이 막혀 있습니다.

한국에서 보수와 진보를 나누는 또 다른 중요한 기준은 노동에 대한 태도입니다. 한국은 전 세계적으로 노동시간이 길고 산업재해가 많은 나라입니다. 한국의 연간 노동시간은 2020년 기준 1927시간으로 OECD 국가 중 가장 긴 편에 속하고, 산

사상의 자유를 제한 없이 보장해야
한다는 것이 진보라면,
국가의 안전을 위해 사상의 자유를
제한할 수 있다고 보는 것이 보수입니다.

업재해로 인한 사망자만 2020년 기준 882명으로 하루에 2.4명이 일하다가 죽습니다. 출근길에 다치지 않고 집으로 돌아올 수 있을까를 고민해야 하는 사회가 한국입니다. 위험한 사업장에서 오래 일하는 노동자들이 과연 건강하고 행복하게 살 수 있을까요? 정부가 기업의 경영에 관여하기는 어렵지만 기업에 비해 약자일 수밖에 없는 노동자의 노동조건을 규정하고 보호할 수는 있습니다.

그런데 지금까지 한국 정부는 이를 방치하다시피 했습니다. 보수는 정부의 규제가 기업의 자율성을 침해하고 시장질서를 어지럽힌다며 반대하고, 진보는 정부가 노동자의 권리를 보장할 것을 주장합니다. 더 구체적으로 짚어 보면, 노동현장에서 발생하는 사고의 원인을 기업의 안전조치 미비에서 찾는지, 노동자의 개인적인 실수에서 찾는지에 따라 입장이 나뉩니다. 기업이 노동자의 안전을 제대로 보장하지 않을 경우 기업과 사업주에게 책임을 묻는 '중대재해처벌법' 제정 과정에서도 드러나듯이, 진보는 기업의 안전조치 강화와 재해에 대한 정당한 보상 및 처벌이 중요하다고 봅니다. 반면에 보수는 노동자의 안전을 보장해야 하지만 그것이 기업활동을 방해하지 않아야 한다는 걸 더 중요하게 생각합니다.

경제적 불평등에 대한 입장도 주요 대립점이지만, 오늘의 현실에서 진보와 보수를 구분하는 기준으로 또 하나 얘기할 수 있는 것은 소수자에 대한 관점입니다. 예를 들어, 성소수자의 권리를 인정할 것인가 아닌가는 한국의 진보와 보수를 나누는 중요한 기준입니다. 진보는 '차별금지법'을 제정해서 소수자에 대한 혐오와 차별을 막아야 한다는 입장이고, 보수는 성소수자의 존재 자체를 인정하지 않기 때문입니다. 다른 이슈에서 진보와 보수의 차이가 정도의 차이에 그친다면, 소수자에 대한 관점은 이미 현실을 살고 있는 존재에 대한 인정과 연관되어 있기 때문에 보다 근본적인 차이입니다. 그런 점에서 한국에서 소수자에 대한 관점은 진보와 보수를 가르는 기준으로서 점점 더 첨예해지고 있습니다.

이렇게 보면 한국에도 진보와 보수를 구분하는 기준이 없지는 않습니다. 그렇지만 앞서 살폈듯이 이런 기준이 시대를 초월해서 유지되는 건 아닙니다. 그렇다면 지금은 어떨까요? 낡은 질서를 무너뜨리고 새로운 질서를 세우는 것은 여전히 진보의 과제입니다. 그런데 과거의 낡은 질서가 신분제도에 바탕을 뒀다면, 지금의 낡은 질서는 특권과 기득권에 바탕을 둔 부패한 질서, 날이 갈수록 심각해지는 빈부격차가 만든 질서입니다. 과거에는 귀족이 구시대의 질서였다면, 현대에는 부와 권력을 독점하는 기득권층이 구시대의 질서입니다. 진보는 경제적인 불평등과 차별을 없애려 하고, 보수는 이런 차이가 시장경쟁에 따른 자연스럽고 불가피한 것이라며 옹호하려 합니다. 그런 점에서 진보는 지금의 질서를 변화시킬 대안을 개발해야하고, 보수는 불평등과 차별을 완화시킬 보완책을 찾아야 합니다.

3
가짜 진보와
가짜 보수

한국에서 보수적인 일간지로 분류되는 〈조선일보〉〈중앙일보〉
〈동아일보〉는 문재인 정부를 가리켜 '가짜 진보'라 불렀습니다. 대표적으로 〈월간중앙〉의 윤석만 논설위원은 '문재인 정부는 가짜 진보라고 하는 이유'라는 기사에서 권력과 이권을 서로 나누며 조폭처럼 행동하고 재벌개혁이나 환경, 노동정책에서 뚜렷한 관점이 없다는 점을 그 이유로 꼽았습니다. 이 기사는 진보인 척하고 있으나 뚜렷한 관점을 가지지 못한 정치인들을 가짜 진보라고 하고 있습니다. 그런가 하면 진보학자로 분류되는 강준만 교수도 『부족국가 대한민국』이라는 책에서 적폐청산을 내세울 뿐 빈부격차의 해소나 성찰을 하지 않는 문재인 정부가 자기 편의 이익만 챙기는 밥그릇 공동체에 가깝다고 비판했습니다. 문재인 정부가 집권할 때는 진보적인 사회정책을 주장했지만 실제로는 불평등을 바로잡지 못하고 386세대라 불리는 일부 계층의 기득권을 강화시켰다는 것인데, 이런 비판의 근거가 타당하다면 문재인 정부는 진보라 불리기 어렵습니다. 그러면 앞서 말한 가짜 진보라는 표현이 맞는 걸까요?

2020년 10월 2일, 인터넷 매체인 〈the 300〉에는 "'가짜 진보'와 '가짜 보수'의 3류 정치… 너는 누구 편이냐"라는 기사가 실렸습니다. 전문가 7인의 인터뷰를 바탕으로 이 기사는 문재인 정부와 더불어민주당이 스스로 외쳤던 공정의 가치를 지키지 않고 국민의 이익보다 정부의 업적만을 앞세웠다는 점에서 가짜 진보라 비판했습니다. 그런데 이 기사는 가짜 진보만이 아니라 가짜 보수도 비판하고 있습니다. 전광훈 목사로 상징되는 태극기 부대, 여전히 빨갱이라는 막말을 일삼는 세력은 시대의 변화를 읽지 못하는 '가짜 보수'라 불렸습니다. 이 기사에서 흥미로운 점은 '가짜 진보'와 '가짜 보수'를 양극단의 기득권으로 규정한다는 점입니다. 서로를 격렬하게 비판하지만 이 양극단의 기득권과 그들을 추종하는 세력(소위 '무슨무슨 빠')이 극단적인 대립을 일삼으며 정치의 다양성을 가로막는다는 것이지요. 이렇게 보면 가짜 진보와 가짜 보수는 서로를 자신의 알리바이로 삼고 새로운 정치의 출현을 방해하는 기득권 정치세력입니다.

가짜 진보와 가짜 보수는 서로를
자신의 알리바이로 삼고
새로운 정치의 출현을 방해하는
기득권 정치세력입니다.

이 같은 극단의 정치가 중도를 비롯한 다양한 정치를 활성화시킬 가능성을 가로막는다는 지적에는 공감이 갑니다. 그렇지만 가짜라고 부르면 이와 대비되는 진짜가 존재하거나 존재할 수 있다는 것인데, 정치의 세계에 진짜, 가짜라는 규정이 과연 올바를까요? 자신이 공약한 바를 지키지 못한 것이 가짜로 비판받아야 할 이유가 될까요?

사실, 스스로 내건 명분에 대한 배신만을 기준으로 삼으면 한국에는 진짜 정치가 존재할 수 없습니다. 예를 들어, 1963년 2월 26일에 창당한 한 정당은 다음과 같은 강령을 선언했습니다.

- 우리는 3·1 정신을 받들어 5·16 혁명의 이념을 계승하고 민주적 주체성을 확립하며 자유민주주의 정치체제의 확립을 기한다.
- 우리는 자유경제체제의 원칙 아래 합리적인 경제계획으로 조속히 후진성을 극복하고 민생고를 해결하여 국민생활 수준의 향상을 기한다.
- 우리는 민주적 인간성을 함양하고 사회복지제도를 확충함으로써 청신하고 명랑한 사회건설을 기한다.

이 당은 박정희가 군사쿠데타 이후에 만든 민주공화당입니다. 당시 민주공화당은 자유민주주의, 계획경제를 결합한 자유 경제체제, 사회복지제도를 강령으로 내걸었습니다. 당시의 기준으로 보면 보수적인 정당이 내건 강령이라 생각하기 어려운데, 민주공화당의 실제 활동은 박정희를 중심으로 한 독재를 정당화하는 일이었습니다. 그렇다면 공화당은 가짜 보수일까요?

사실상 독재 시대의 공화당은 가짜 보수가 아니라 수구일 뿐입니다. 강령이나 공약을 성실히 지키지 않은 건 비판받아 마땅한 일이지만 그것을 진짜, 가짜로 판단하긴 어렵습니다. 그리고 현실에서는 정치인들이 하고 싶어도 방법이 없어 못할 수있고, 하기 싫어도 여론에 떠밀려 하게 되는 일이 있습니다. 정치적인 세력이 작거나 약하면 공약한 바를 지키기가 쉽지 않습니다. 하기 싫어서 안 하는 건지, 하고 싶은데 못하는 건지, 사람의 진심을 어떻게 알 수 있을까요? 그런 점에서 정치에 가짜, 진짜라는 수식어를 붙이는 것은 위험하다고 생각합니다.

비슷한 사례를 하나 더 들어보겠습니다. 1990년 1월에 민주 정의당, 통일민주당, 신민주공화당의 합당으로 만들어진 민주 자유당은 다음과 같은 강령을 내세웠습니다.

1. 우리는 국민의 자유와 권리를 보장하고 국민의 폭넓은 정치

참여를 통하여 진취적이며 화합하는 정치문화를 정착시키고 의회와 내각이 함께 국민에 책임지는 의회민주주의를 구현한다.

2. 우리 국민의 창의와 활력을 북돋아 지속적인 경제성장을 이룩하고 형평과 균형을 통하여 모두가 잘 사는 복지경제를 실현한다.

3. 우리는 도의를 바탕으로 서로 돕는 미덕을 함양하고 정의와 양심이 지배하며 법과 질서가 존중되어 모두가 믿고 살 수 있는 공동체 사회를 이룩한다.

4. 우리는 교육의 자율성과 기회 균등을 보장하고 국민 모두가 스스로의 개성과 능력을 발휘케 하여 자주적이고 창조적인 민족문화를 창달한다.

5. 우리는 국력을 배양하고 민주역량을 발휘하여 평화적인 민족통일을 앞당기며 자주적인 외교 노력과 적극적인 교류와 협동을 통하여 국제사회의 주역이 된다.

역시 강령만 봐서는 이 정당이 어떤 정당인지 알기 어렵습니다. 그런 점에서 진짜, 가짜라고 손쉽게 규정하는 것보다는 주장하는 바의 맥락을 살피는 것이 중요합니다. 사실 문재인 정부가 진보를 대표한 적도 없고 진보당 이후의 진보정당을 계승했다고 보기도 어렵습니다. 더구나 수구에 가까운 태극기 부대가 보수인지도 의문입니다. 문제는 한국 현대사에서 보수가 제대로 구성되지 못한 까닭으로 태극기 부대가 마치 보수인 듯 보이기 쉽다는 점입니다. 그러나 맹목적인 애국주의나 반공주의와 보수는 구분되어야 합니다.

한국 현대사에서 진보는 정부의 심한 탄압을 받았기 때문에 자기 이념을 충분히 발전시키기 어려웠습니다. 그리고 보수는 무조건 정권을 비호하다 보니 자기 내용을 분명히 채우지 못했다는 사실이 진짜, 가짜보다 더 중요합니다. 진위만을 따지다 보면 성찰적이고 생산적인 논쟁이 되기 어렵습니다.

국가폭력에 맞서고 민주주의를 실현하려는 노력에서 한국 현대사의 진보가 형성되었다면, 민주화 이후에는 진보의 내부가 분화되기 시작했습니다. 정치, 경제적인 평등을 더욱 강력하게 요구하는 쪽에서부터 생태, 환경의 보존을 주장하는 쪽까지 진보의 스펙트럼이 다양해진 것입니다. 더욱 중요한 사실은 이러한 진보의 분화 과정에서 보수주의가 서서히 구성되기 시작했다는 사실입니다.

정부의 부당한 폭력에 맞선다는 점에서 하나의 틀로 묶여 있던 진보는 1987년 민주화 이후 시장질서와 노동권, 교육, 통일, 사회주의에 대한 평가 등에 따라 다양한 형태로 분화되기 시작합니다. 그러면서 진보와 보수의 내용도 다양해지기 시작했고, 기존의 좌파, 우파와 다른 보수의 내용을 만들어야 한다는 요구가 나타났습니다. 그리고 인터넷과 기술의 발달로 세계가 넓어지고 빨라지면서 새로운 주제들에 대한 입장도 필요해지고 있습니다.

4

새로운 진보와
새로운 보수

1960년대에 서구에서는 '신좌파'라는 개념이 등장했습니다. 신좌파는 경제적인 착취만이 아니라 인종주의나 가부장제에 의한 착취에도 반대했고 생태주의, 권위주의를 벗어난 자유로운 문화, 개인 권리의 확장 등을 주장했습니다. 그리고 이런 신좌파가 나타나자 우파에서도 1980년대에 영국의 대처 수상이나 미국의 레이건 대통령 등이 세금 감면과 작은 정부, 시장의 강화, 복지 축소 등을 주장하는 신우파(New Right)를 대변하기도 했는데, 이들은 신보수주의라고 불리기도 했습니다.

이런 서구의 영향을 받아 한국에서도 1990년대 이후 통일이나 사상의 자유보다 여성, 환경, 인권을 강조하는 신좌파운동이 등장했고, 북한을 지지하던 일부 운동권과 시민사회운동가들이 우파로 변신하면서 스스로를 뉴라이트라 칭하기 시작했습니다. 이들은 신우파와 마찬가지로 복지국가를 비판하고 자유로운 시장이 사회를 움직이는 기본 축이어야 한다고 주장했습니다. 한국에서 구진보와 구보수가 국가의 민주화와 이념으로 대립되었다면, 신진보와 신보수는 불평등과 차별의 문제로 대립하게 되었습니다.

그런데 신진보와 신보수가 한국사회의 방향을 놓고 제대로 논쟁을 벌이기도 전에 중요한 사건이 터졌습니다. 1997년 11월 21일, 한국 정부는 국제통화기금(IMF)에 구제금융(채무불이행을 막기 위해 특정 국가나 기업에 긴급하게 지원하기 위한 자금)을 신청하기로 결정했습니다. 국가가 충분한 외화를 보유하지 못할 경우 부도가 날 수도 있음을 한국이 처음 경험한 사건이었는데요. 그로부터 한국은 3년 8개월 동안 국제통화기금의 관리를 받게 됩니다. 국제통화기금은 외화를 빌려주는 조건으로 긴축정책, 금융과 자본시장 개방, 부실 금융기관 정리, 부실 산업의 구조조정을 요구합니다. 이를 통해 한국은 세계 경제에 통합되고, 신자유주의의 바람이 한국에도 본격적으로 불어 닥칩니다. 일순간 한국사회의 흐름이 보수 쪽으로 향하게 된 것이지요.

이러한 흐름에서 한국의 진보정당도 다시 힘을 내기 시작합니다. 2000년 1월 30일 민주노동당이 창당하고 2004년 총선에서 10명의 국회의원이 당선됩니다. 민주노동당은 당의 강령에서 노동자와 민중이 주도하는 민주정치, 자본주의의 모순을 극복하는 민주적 경제체제, 민족대화합의 통일, 여성이 해방된 인간해방, 평등에 입각한 복지공동체, 교육 공공성 강화 등을 주장했습니다. 앞서 진보당의 강령과 비슷하지만 민주노동당은 민주적 경제체제와 여성해방, 인권보장을 특히 강조했습니다. 신자유주의가 불러온 불평등과 가부장제로 인한 인권침해 같은 문제가 본격적인 정치 의제로 떠오른 것입니다.

2008년 3월 7일자 〈한겨레〉에서 조희연 교수는 당시의 이명박 정부를 한국형 신보수 정권으로 규정했습니다. 박정희식 산업화 개발독재가 구보수라면 신보수는 시장형, 신자유주의적 보수라고 구분합니다. 신보수는 개발주의와 성장주의를 계승하며 기업의 입장을 지지한다는 점에서 기존의 보수를 계승했지만 시장 자율과 개방, 세계화를 앞세운다는 점에서 구보수와 다르다는 것입니다. 즉 과거에는 국가 중심의 개발주의였지만 현재는 글로벌 스탠다드를 내세운 시장주의라는 점에서 구와 신이 나뉜다는 것이지요. 이런 흐름을 보면 한국 보수의 주요 내용은 강력한 권력에 대한 지지에서 시장개방과 경쟁을 통한 성장, 국가개입의 축소로 바뀌기 시작했습니다.

이런 복잡한 상황에서 한 가지 기준을 들어 누가 새로운 진

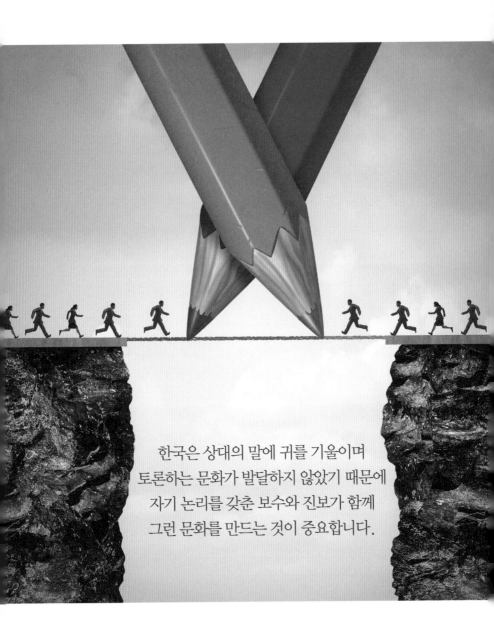

한국은 상대의 말에 귀를 기울이며
토론하는 문화가 발달하지 않았기 때문에
자기 논리를 갖춘 보수와 진보가 함께
그런 문화를 만드는 것이 중요합니다.

보, 보수인지를 말하기는 쉽지 않습니다. 때로는 보수와 진보가 같은 말을 사용하면서 실제로는 다른 방향을 가리키기도 합니다. 예를 들어, 에른스트 슈마허(Ernst Friedrich Schumacher, 1911~1977)가 말한 '작은 것이 아름답다'는 명제는 진보에게도 수용되고 보수에게도 수용되었습니다. 진보는 분권과 탈권위의 측면에서 이것을 지지하고, 보수는 국가개입의 축소와 시장의 활성화라는 측면에서 이것을 지지합니다. 그러니 드러난 구호보다는 실제 내용과 이해관계를 잘 살펴야만 합니다.

새로운 진보와 새로운 보수는 어떤 모습을 갖춰야 할까요? 앞서 봤듯이 공통의 과제와 서로 다른 과제가 있습니다. 기후위기와 불평등이라는 심각한 위기에 대응하는 것과 정치의 다양성을 확보하는 것은 공통의 과제이고, 성장주의와 능력주의, 이원론적 세계관에서 벗어나 새로운 분배의 기준을 세우는 것은 진보의 과제입니다. 또한 국가주의와 집단주의, 외세 의존에서 벗어난 자유의 이념을 만드는 것은 보수의 과제입니다.

새로운 진보는 경제성장을 통해 평등한 사회를 이룬다는 전략을 수정하고, 사회의 주요한 자원과 지위를 배분할 때도 능력과 경쟁 외의 새로운 기준을 만들어야 합니다. 세상을 선과악, 진리와 거짓으로 나누고 협상을 거부하는 세계관도 인간의 불완전한 면을 서로 보완하는 방향으로 바뀌어야 합니다. 지금까지 진보가 세상의 변화를 이끌어왔다는 점은 분명하지만 불확실한 시대에는 기준을 새로 잡기 위한 더 많은 논의가 필요합니다.

그리고 새로운 보수는 국익과 안보, 공동체 질서를 강조하며 시민의 권리를 존중하지 않았던 과거를 반성하고 차이와 다양성을 확보할 구체적인 방법을 찾아야 합니다. 보수는 분배와 평등의 요구를 불온한 것으로 배척하던 냉전의 세계관, 미국 중심의 세계관에서 벗어나 무엇을 어떤 방법으로 지킬지 내용을 채워가야 합니다.

어떻게 보면 과거의 진보와 보수는 서로에 대한 반대로 내용을 채워왔는데, 지금의 현실은 심각한 위기를 해결할 수 있는 다양한 대안을 요구합니다. 한국은 상대의 말에 귀를 기울이며 토론하는 문화가 발달하지 않았기 때문에 자기 논리를 갖춘 보수와 진보가 함께 그런 문화를 만드는 것이 중요합니다. 그래야 보수 정치인이면서도 진보적인 정책을 얘기하고 진보 정치인이 때론 보수적인 정책을 지지하는 것이 가능해집니다.

마지막으로 진보와 보수가 스스로를 쇄신하며 다양한 논의를 마련하지 못하면 극단주의가 판을 칠 수 있습니다. 진보와 보수의 이념이 부족하면 사회의 약자나 외국인을 공격하며 감정적인 선동을 일삼는 극단주의가 자리를 잡고, 그러면 정치의 역할이 위축되고 사라집니다. 그러면 위기에 대응하는 것은 더욱더 어려워지고 사회는 붕괴될 수 있습니다. 그런 극단적인 상황으로 가지 않으려면 새로운 진보와 보수의 노력이 중요합니다.

그렇다면 새로운 진보와 보수는 어떤 이야기를 시작해야 할까요? 이어지는 장들에서 그 주제들을 살펴봅니다.

III.
세 가지 쟁점으로 보는 진보와 보수

강대국들에 휘둘리지
않으려면 우리가 처한 현실과
가능한 대안, 그 대안을
실현할 전략에 대한 고민이
먼저여야 합니다.

이번 장에서는 세 가지 쟁점을 중심으로 진보와 보수의 입장이 어떻게 달라지는지 살펴보려 합니다. 진보와 보수의 눈으로 오늘의 현실을 해석해보자는 것인데, 진보는 이렇고 보수는 저렇다는 식의 고정관념에서 벗어날 필요가 있기 때문입니다.

가령 한국의 오랜 우방인 미국, 그리고 전쟁을 치른 적대국에서 주요 수출국으로 변한 중국에 대한 입장을 살펴보려 합니다. 그동안 한국과 미국의 관계에 대해서 진보는 비판, 보수는 지지 입장을 보였지만 최근에는 미국 내 진보 정치세력이 성장하면서 한국 진보의 입장도 조금씩 바뀌고 있습니다. 그리고 남북관계의 변화나 소수자 등의 이슈 때문에 보수가 미국을 무조건 지지하던 입장도 애매해지고 있습니다. 반면에 사회주의 국가인 중국은 전통적으로 진보의 지지를 받고 보수의 비판을 받았지만 한국의 가장 중요한 무역 상대가 되고 경제협력이 강화되면서 이런 태도도 변하고 있습니다. 이런 구체적인 쟁점에서 진보와 보수가 어떤 입장을 보이는지 살피는 것은 매우 중요합니다.

진보와 보수는 정치만이 아니라 경제에 대해서도 서로 입장이 다르고, 앞서 살폈듯이 소유권에 대한 입장도 매우 다릅니다. 더구나 인터넷과 인공지능의 등장은 과거에는 없던 새로운 고민들을 만들고 있습니다. 예를 들어 4차산업은 실물경제가

4차 산업혁명과 인공지능의 시대,
진보는 이렇고 보수는 저렇다는 식의 고정관념에서
벗어날 필요가 있습니다.

아닌 온라인 경제의 부가가치를 높이며 새로운 쟁점을 부각시키고 있습니다. 진보와 보수는 이런 문제들에 어떤 입장을 가질까요? 그리고 모든 시민에게 일정한 소득을 보장하자는 기본소득에 대해서도 진보와 보수가 각기 다른 이유로 찬성하는 입장을 보이기도 합니다. 왜 그럴까요?

마지막으로는 갈수록 심각해지는 기후위기와 관련해 진보와 보수의 입장이 어떻게 다른지 살피려 합니다. 기후위기에 적극적으로 대응해야 한다는 점에는 진보와 보수의 입장이 같지만 기후위기의 원인과 대안에 대해서는 입장을 달리하고 있습니다. 전환의 주체와 방향이 좀 다른데, 이는 한국사회와 지구의 미래에 아주 중요한 문제이기에 살펴볼 만한 가치가 있습니다. 공허한 논쟁처럼 보이지만 진보와 보수의 관점은 이런 현실의 쟁점들을 이해하고 대안을 마련하는 데 도움을 줍니다. 무엇이 문제이고 어떤 해결책이 필요한가, 이것이 중요합니다.

1
미국과 중국은
진보일까, 보수일까?

국가가 세워진 역사로만 보면 미국과 중국 모두 혁명으로 탄생한 진보적인 나라입니다. 미국은 영국의 이주민들이 원주민을 학살하고 세운 나라이지만 나중에 독립을 위해 영국과 전쟁을 벌였습니다. 중국은 본토를 침략한 일본을 몰아내고 지주와 부패한 군벌이 지배하는 나라를 바로 잡기 위해 사회주의 혁명을 일으켰습니다. 사회의 성격은 자본주의와 사회주의로 완전히 다르지만 둘 다 낡은 질서를 무너뜨리고 새로 만들어진 나라입니다.

흔히 미국은 한국의 전통적인 우방(友邦)으로 불립니다. 제 2차 세계대전이 끝난 뒤 미국은 한국을 신탁통치했고 한국전쟁에도 적극적으로 개입했습니다. 한국군 다음으로 많은 사망자가 발생하기도 했지요. 미국은 해방 이후나 한국전쟁 이후에 많은 원조물자를 제공하기도 했습니다. 사회주의 진영의 핵심 국가인 소련이 남쪽으로 영향력을 넓히는 것을 막으려면 일본이 중요하고, 그런 일본을 지키는 동아시아 전략에 한반도가 필요하다고 판단한 것입니다. 그래서 소련과 중국의 영향을 받는 북한을 견제하기 위해 한국 정부와 협력했고 공산주의의 확장을 막기 위해 한국의 독재정권과도 우호적인 관계를 유지했습니다. 지금도 미국 군대가 한국에 주둔하고 있고, 휴전 상태인 한국의 전시작전권(전쟁이 발생하면 군대를 통솔하는 권한)도 아직 미국이 가지고 있습니다. 그러니 지금도 미국은 한국의 운명에 적지 않은 영향을 미칩니다.

그동안 한국의 보수는 미국을 무조건 지지해 왔습니다. 공산주의의 남하를 막기 위해서는 미국과의 협력이 가장 중요했고, 미국이 전 세계 자유민주주의와 자본주의를 수호하는 국가임을 자임해왔기에 미국의 입장을 잘 따르는 것이 한국에 이익이라고 본 것입니다. 그런 점에서 보수는 자기 이념의 내용을 독자적으로 만들지 않고 미국의 입장을 수용하는 것으로 대신했습니다. 그러다 보니 보수가 자기 전통과 역사를 지키지 않고 외국의 입장을 따르는 모순이 발생합니다. 보수라면 자국의 이해관계를 먼저 앞세워야 하는데 미국의 눈치를 보게 되는 것이지요.

그동안 한국의 보수는 미국을 무조건 지지해 왔습니다. 공산주의의 남하를 막기 위해서는 미국과의 협력이 가장 중요했고, 미국이 전 세계 자유민주주의와 자본주의를 수호하는 국가임을 자임해왔기에 미국의 입장을 잘 따르는 것이 한국에 이익이라고 본 것입니다.

반면에 한국의 진보주의자들에게 미국은 비판의 대상이었습니다. 왜냐하면 미국도 개화기에 한반도를 놓고 다른 강대국들과 다툰 나라였고, 결정적으로 미국은 소련의 남하를 막기 위해 과거 한국의 독재정권들을 묵인했기 때문입니다. 1961년 5.16 군사쿠데타나 1979년 12.12사태가 가능하려면 사후에라도 군사작전권을 가진 미국의 승인이 필요했으니까요. 특히 대한민국 군대가 자국민을 학살했던 1980년 5월의 광주항쟁은 미국의 책임을 크게 부각시켰고, 1982년 3월 18일에는 그 이유로 대학생들이 부산 미국문화원에 불을 지르며 진실이 뭔지 알리기도 했습니다. 한국에 미치는 영향력이 지대한 만큼 미국도 그에 맞는 책임을 져야 하는데 자국의 이익만을 위해 한국을 희생시켰다고 진보는 비판했습니다.

그런 이유로 보수가 미국을 적극적으로 지지한다면 진보는 미국의 대외정책을 비판하는 편이었습니다. 하지만 최근에는 미국이 북한과의 협상에 의욕을 보이고 소수자의 권리를 옹호하면서 한국 보수와의 괴리가 생기고 있습니다. 가령, 미국의 트럼프(D. Trump, 1946~) 전 대통령이 북한과의 협상에 적극적으로 나서거나 태극기 부대가 반대하는 퀴어문화축제에 미국 대사가 직접 참여하여 지지 의사를 밝히기도 했습니다. 이는 그동안 미국을 무조건 지지해 온 보수적인 사람들에게는 꽤 불편한 일입니다. 그렇다고 한국의 보수가 미국을 적대적으로 대할 일은 없겠지만 예전처럼 무조건 지지하기는 애매해졌습니다.

반면에 버니 샌더스(Bernie Sanders, 1941~)와 오카시오 코르테스(Alexandria Ocasio-Cortez, 1989~) 등의 민주당 내 좌파 정치인들의 정책은 한국의 진보에게 인기를 얻고 있습니다. 이들이 기후위기에 대응하기 위해 제안한 그린뉴딜 정책(지구온난화를 막기 위해 생태적으로 지속가능한 사회를 만들려는 정책)과 여러 복지정책들이 한국에도 수용되고 있습니다. 미국 진보와 한국 진보가 정책으로 이어지는 셈인데요. 그러니 한국의 진보도 이제는 미국과의 관계를 긍정적으로 고민할 수 있습니다. 예를 들어 2020년에 한국의 정의당은 존 바이든(J. R. Biden Jr, 1942~)이 미국 대통령에 당선되었을 때 한반도 평화 프로세스를 멈춰선 안 된다며 축사를 보내기도 했습니다. 이런 현실을 볼 때 과거의 관점으로만 오늘의 현실을 이해하려 들면 오류를 범하기 쉽습니다.

또 다른 예로 중국에 대한 진보와 보수의 관점을 얘기해 보겠습니다. 중국은 휴전협정의 당사국입니다. 1953년 7월 27일에 맺어진 휴전협정, 즉 한국 군사 정전에 관한 협정에는 중국, 북한, 유엔군의 사령관들이 서명했습니다(한국은 군사작전권이 없기 때문에 여기에 서명하지 못했습니다). 중국은 북한을 도와 한국전쟁에 참전했고, 그래서 한국과는 적대국이고 외교도 단절되어 있었습니다. 그러다 1980년대 말 동구의 사회주의권이 붕괴하고 남북한의 관계가 개선되면서 자연스럽게 중국과의 관계도 급변했습니다. 1991년 9월에 남북한이 유엔에 동시 가입했고, 1992년 8월에 한국과 중국의 공식 외교 관계가 수립되었습니다(이때 중화인민공화국이 중국의 유일한 합법 정부로 승인되면서 대만과의 외교 관계는 단절되었습니다). 그러니 한국과 중국이 서로 왕래한 지가 30년 정도밖에 안 된 셈입니다.

지금도 중국은 공식적으로 사회주의 국가입니다. 사회주의 국가인 만큼 중화인민공화국헌법 제 6조는 "중화인민공화국의 사회주의 경제제도의 기초는 생산수단의 사회주의 공유제, 즉 전민 소유제와 근로 대중의 집단 소유제이다."라고 분명하게 밝히고 있습니다. 그리고 제 7조는 "국유 경제, 즉 사회주의 전민 소유제 경제는 국민 경제를 주도하는 힘이다. 국가는 국유 경제가 견고하게 발전하도록 보장한다."고 규정하고 있습니다. 헌법을 보면 중국은 명실상부한 사회주의 국가이고 한국과는 경제 질서가 전혀 다른 나라입니다.

이렇게 사회주의 경제임을 분명하게 명시하고 있지만, 중국은 1992년부터 사회주의 시장경제를 표방하며 경제성장 정책을 펴고 있습니다. 한국과의 수교도 그 영향을 받았고, 중국과의 외교 관계 수립 이후 한국과 중국의 교역 규모는 빠른 속도로 늘어났습니다. 1992년 63억 8천만 달러이던 것이 2019년에는 2400억 달러로, 27년 동안 무려 37배가량이나 증가했습니다. 어마어마한 속도입니다. 미국, 일본과의 교역량을 합친 것보다도 많고 그에 따른 한국의 무역 흑자도 중국에게서 가장 많이 발생하고 있습니다.

그래서 정치적으로는 미국과 가깝지만 경제적으로는 중국과 더 가까운 것이 지금의 현실입니다. 그러면서 중국에 대한 시선도 바뀌고 있습니다. 옛날에는 중국을 중공(中共)이라 부르며 북한과 마찬가지로 빨갱이라고 하는 사람들이 많았지만, 지금은 보수적인 사람들도 자녀에게 미래를 위해 중국어를 배우라고 할 정도입니다. 한국의 보수들도 이제는 중국을 무조건 비판하지 못합니다. 세계를 뒤흔들고 있는 K팝이나 한국의 각종 첨단과학 제품들, 드라마나 영화 등이 중국 시장을 겨냥하고 만들어져 중국은 점점 더 한국의 중요한 경제 파트너가 되고 있습니다. 감정적으로는 중국에 대한 반감이 있더라도 실리를 포기할 사람은 이제 없다고 봐야 합니다.

반면에 사회주의 국가 중국을 우호적으로 바라봤던 한국의 진보들은 중국의 홍콩 탄압 이후 비판의 목소리를 내고 있습니다. 2019년에 중국이 '도주범죄인 및 형사법 관련 법률'을 개정하면서 홍콩의 정치범들을 본토로 소환하려 하자 홍콩 시민들이 대규모 시위에 나섰습니다(2014년에도 홍콩행정장관 선출 방법을 놓고 시위가 벌어졌습니다). 그리고 2020년 7월부터는 홍콩보안법이 시행되어 홍콩의 분리 독립, 체제 전복, 외국 세력과 공모한 사람은 최대 무기징역으로 처벌을 받게 되었습니다. 이렇게 중국과 홍콩 당국이 힘으로 시위를 억누르고 홍콩의 시위대들이 한국의 연대를 요청하자 한국의 진보들도 중국 정부를 비판하는 목소리를 내고 있습니다. 또한 중국 정부가 자신들에게 비판적인 자국 내의 청년이나 지식인들을 탄압하는 것도 한국 진보의 비판을 받고 있습니다. 진보의 친중, 보수의 반중이라는 시각이 바뀌고 있는 셈입니다.

세계의 주도권을 놓고 미국과 중국의 갈등이 심해지면서 가운데 낀 한국의 입장도 갈수록 난처해지고 있습니다. 대표적인 것이 2017년에 경상북도 성주군에 설치된, 탄도미사일을 감지하고 요격하기 위한 방어시스템인 사드(THAAD)입니다. 미국은 중국을 견제하기 위해 한국에 사드를 배치했고, 중국은 이에 강력하게 반발하며 한국에 대한 경제 보복을 시행하기도 했습니다. 미국과 중국이 경쟁하는 듯 보이지만 실제로는 두 나

미국은 중국을 견제하기 위해 한국에 사드를
배치했고, 중국은 이에 강력하게 반발하며 한국에
대한 경제 보복을 시행하기도 했습니다.

라가 전 세계를 함께 지배하려는 전략이라고 말하는 사람도 있는데요. 그렇다면 세계 초강대국인 미국과 중국의 갈등이 계속해서 깊어지고 사드처럼 미국과 중국의 이해관계가 충돌할 때 한국은 어떤 결정을 내리는 것이 좋을까요?

보수는 한국의 국익을 우선해야 한다고 주장하지만 정치적 동맹 관계인 미국에 여전히 의존하고 있습니다. 그리고 이제는 경제적 동맹 관계인 중국과의 관계도 고려해야 합니다. 인권과 평화를 강조하는 진보는 이제 미국과 중국 어느 쪽도 무조건 지지하기가 쉽지 않습니다. 중국은 미국이 인종차별과 빈부격차부터 해결해야 한다고 비판하고, 미국은 중국의 소수인종과 홍콩 탄압, 강제노동을 비판하는데 두 입장 모두 근거가 있기 때문입니다. 그렇다고 두 나라의 진보적인 정치세력과의 연대를 중단하기도 어렵습니다.

그렇다면 무엇이 판단의 기준이 될 수 있을까요? 과거의 경험을 무조건 따르는 것은 위험하고 아무 방향 없이 흔들리는 것도 불안합니다. 강대국들의 힘에 휘둘리지 않으려면 우리가 처한 현실과 가능한 대안, 그 대안을 실현할 전략에 대한 고민이 먼저여야 합니다. 이것은 시민의 생명과 국가의 안전이 달린 문제이니만큼 보수와 진보가 함께 진지하게 모색할 필요가 있습니다.

2
4차산업과 기본소득으로 본
진보와 보수

4차 산업혁명이란 인공지능, 빅데이터 등 디지털 기술로 촉발
되는 초연결 기반의 지능화 혁명을 가리킵니다. 사물인터넷이
나 빅데이터, 인공지능, 로봇, 나노기술 등이 발달하면서 온라
인과 오프라인이 점점 더 연결되고 있습니다. 개인의 정보를
취합해서 그 사람에게 최적화된 서비스를 제공하고 생산, 유
통, 소비의 전 과정을 자동화하여 연결하는 방향으로 사회가
나아가고 있습니다. 증기기관의 발명으로 인한 1차 산업혁명,
전기로 대량 생산을 시작한 2차 산업혁명, 컴퓨터와 인터넷이
만든 3차 산업혁명을 뒤이은 네 번째 산업혁명이 현실화되고
있는 것입니다. 인간이 꿈꾸던 자동화와 로봇이 인간의 노동을
대체하는 시대가 올 거라고 기대하는 사람들도 있습니다.

그런데 아직까지는 이런 방향으로 기술이 발전할 것이라고 '전망'하는 수준입니다. 물론 과학기술이 계속 발전하고 있으니 실제로 초연결 사회가 도래할 수도 있습니다. 개인정보와 도시운영을 연결하는 '스마트시티'는 이미 도입되고 있습니다. 국토교통부가 만든 스마트시티 코리아 홈페이지(https://smartcity.go.kr)에 따르면, 스마트시티는 "혁신기술을 활용하여 시민들의 삶의 질을 높이고, 도시의 지속 가능성을 제고하며, 새로운 산업을 육성하기 위한 플랫폼"을 가리킵니다. 교통, 복지, 의료, 교육, 쇼핑 등의 생활정보를 개인과 실시간으로 연결시키는 스마트시티의 청사진은 사뭇 멋져 보입니다. 그러나, 그러기 위해선 개인의 정보들이 한곳으로 모이고 본인 모르게 정보가 악용될 수 있는 위험도 있기에 반대하는 사람들도 적지 않습니다.

4차산업에는 밝은 면만이 아니라 어두운 면도 존재합니다. 대표적인 것이 일자리입니다. 기계화와 자동화가 필수인 4차산업이 확산되면 그만큼 인간의 일자리가 줄어들 겁니다. 물론 새로운 일자리도 만들어지겠지만 그 속도보다 무인자동차, 무인배달서비스, 무인공장, 무인상담 등이 더 빨리 확산될 수 있기 때문입니다. 향후 10년 내에 사라질지 모를 직업은 법무사, 텔레마케터, 택시기사, 편의점 아르바이트 등 매우 많습니다.

한국에서만 적게는 수십만 개에서 많게는 수백만 개의 일자리가 사라질 수도 있습니다. 지금도 실업율이 낮지 않은데 일자리가 더욱더 줄어든다면 안정적인 직업을 구하기가 더 어려워집니다.

이렇게 일자리가 사라지는 반면, 4차산업의 '스마트함'은 그 비용을 지불할 수 있는 사람들에게만 적용될 수 있습니다. 예를 들어 원격진료는 병원이 없는 곳에서도 쉽게 진료를 볼 수 있게 하지만 정부가 운영하는 공공병원이 아닌 이상 무료 진료를 하지는 않을 것입니다. 원격진료시스템을 갖추려면 병원의 규모가 커야 하고, 대형병원의 원격진료가 늘어나는 만큼 동네의 작은 병원들이 사라질 수도 있습니다. 대체로 사람들은 큰 병원의 의료서비스가 더 정확하고 안전하다고 생각하는 경향이 있습니다. 실제로 한국의 작은 병원들은 원격진료시스템의 도입을 반대하고 있습니다. 자동화와 원격화가 모두의 편의와 안전, 행복을 보장하는 건 아니라는 것이지요.

자동화와 무인시스템에 따른 일자리 감소는 개인만이 아니라 공동체와 정치에도 영향을 미칩니다. 미국에서 철강과 자동차 산업이 쇠퇴하자 지역사회가 빠르게 낙후되면서 인구가 외지로 빠져나갔습니다. 번성하던 도시가 쇠퇴하기 시작하면 사람들의 관계도 변하고 인심은 팍팍해지기 마련입니다. 불경기

기술이 발전해도 인간의 DNA를 무작위로
복제하지 않듯이, 사회가 기술을 수용하는 데는
합의가 필요한데 지금은 그런 합의조차 없이
기술이 발전하고 있으니까요.

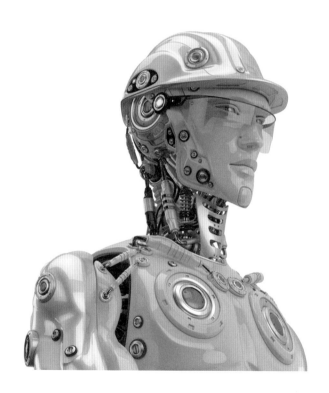

가 심해지자 시민의 정치 성향은 보수적으로 변했고 미국에서 제조업 지대를 가리키던 말인 러스트 벨트(Rust Belt)는 보수적인 정치가 도널드 트럼프를 지지하는 핵심지역이 되었습니다. 이렇게 자동화와 기술의 발달은 정치에도 매우 큰 영향을 미칩니다.

그렇다면 진보와 보수는 4차산업에 대해 어떤 입장을 가지고 있을까요? 한국의 진보는 4차산업의 여러 가지 문제점을 지적합니다. 4차산업이라고 할 만한 기술의 발전이 이루어지기도 전에 그 기술들이 이미 확정된 미래처럼 수용되고, 기술이 발전하면 사회가 그것을 무조건 받아들여야 하는지도 의문입니다. 기술이 발전해도 인간의 DNA를 무작위로 복제하지 않듯이, 사회가 기술을 수용하는 데는 합의가 필요한데 지금은 그런 합의조차 없이 기술이 발전하고 있다고 우려합니다.

그 과정에서 수많은 시민의 개인정보들이 정부의 규제 완화에 따라 대기업에 제공되고 있는 것도 문제입니다. 지금은 내 개인정보가 여기저기 돌고 돌아서 이상한 문자나 메일이 오는 수준이지만, 기업이 개인정보를 체계적으로 관리하기 시작하면 자칫 감시사회가 만들어질지 모릅니다. 영화에 나오는 것처럼 내가 누구이고 무엇을 좋아하고 싫어하는지, 누구와 만나는지를 기업이 파악해서 관리하는 것이지요. 일하는 것만이 아니라 먹고 마시고 쉬고 입고 노는 일까지 기업에게 관리당할 수 있는 것입니다.

또한 기술은 중립적이라고 하지만 인공지능 이루다(2020년 12월에 스캐터랩이라는 기업이 만든 스무 살 여성을 표방한 채팅로봇)에서 드러났듯이 AI가 학습 과정에서 사회의 편견을 그대로 수용하거나 사람들이 기계를 부당하게 이용할 수도 있습니다. 이루다가 동성애를 혐오스럽다고 말하거나 이용자들이 이루다를 성희롱하는 문제들이 발생하면서 결국 이루다 서비스는 3주만에 중단되었습니다. 과학기술의 발전은 전문 영역이지만 그것의 사회적인 수용과 활용에는 시민들의 토론과 합의가 필요합니다.

기술 발전의 혜택이 사회의 모든 구성원에게 골고루 갈지도 의문이고 기술력을 가진 대기업으로 정보와 이윤이 집중되는 것도 문제입니다. 그래서 진보의 가장 근본적인 질문은 4차산업이 누구를 위한 기술인지 물음표를 던지는 것입니다. 모두를 위해 사용되어야 할 기술이 소수를 위해서만 사용된다면 그것이 또 다른 불평등을 만들 수 있으니까요.

이에 비해 보수는 4차산업이 가져올 신세계와 그로 인한 이익에 집중하는 편입니다. 온라인 세계를 거부하는 전통적인 보수도 있지만 경제 성장과 국익을 강조하는 보수는 새로운 산업으로서 4차산업이 성공하길 바랍니다. 그래서 기업이 자유롭게 기술을 개발하고 투자할 수 있도록 규제를 완화해야 한다고 주장합니다. 특히 보수는 엘리트들이 이런 과정을 주도해야 한다고 보고 전문가들이 위험과 안전을 통제하는 질서가 모두에게 더 좋을 것이라 보고 있습니다. 그런 점에서 보수에게 4차산업은 경제적인 이득을 증가시킬 뿐 아니라 새로운 사회질서를 수립할 수단입니다.

그럼에도 불구하고 진보와 보수가 똑같이 걱정하는 것은 다름 아닌 일자리입니다. 진보의 경우 노동의 권리가 보장되지 못한다는 점을 걱정한다면, 보수는 일자리의 감소가 소비 활동의 위축으로 이어져 생산에 부정적인 영향을 미칠 것을 우려합니다. 자본주의 사회에서는 일을 하지 않으면 아무런 소득이 없고, 소득이 없으면 소비도 할 수 없기 때문이지요. 각기 다른 이유로 같은 걱정을 하는 것입니다.

그런 점에서 기본소득이 대안으로 얘기되기도 합니다. 한국 사회에서 기본소득에 관한 담론은 1986년에 만들어진 유럽의 '기본소득지구네트워크'(BIEN: Basic Income Earth Network)의 주장을 많이 받아들이고 있습니다. 기본소득을 주장한 판 빠레이스(P. Van Parijs, 1951~)는 사회 구성원 모두가 실질적인 자유를 누릴 수 있도록 신청이나 심사를 거치지 않고 외국인을 포함한 모든 사람에게 기본소득을 지급하자고 제안합니다. 판 빠레이스는 기본소득이 능력에 따라 일하고 필요에 따라 가져가는 공산주의의 원리를 실현하는 진보적인 정책이라 주장합니다. 기본소득이 임금에만 의지하지 않고 스스로 삶을 꾸려갈 기회를 보장하는 사회를 만든다는 것이지요.

그래서 일자리 소멸에 대한 대안으로 기본소득이 거론되기도 하지만 그 의미는 훨씬 더 크다고 생각합니다. 우리 주변을 둘러보면 꼭 필요한 일이지만 노동으로 인정받지 못하거나 낮게 평가되는 일들이 많습니다. 예를 들어 가사노동은 아무런 대가도 받지 않지만 반드시 필요한 노동이고, 낮은 소득에도 고되게 농산물을 기르거나 힘들게 수산업을 하는 농어민의 삶도 그러합니다. 기본소득은 돈이 안 되지만 꼭 하고 싶은 일이나 공동체에 필요한 일들을 꾸준히 할 수 있도록 도울 수 있습니다.

그리고 기본소득은 '시민의 자유'를 보장할 수 있습니다. 한국사회에는 강자가 약자를 폭력으로 대하는 '갑질문화'나 부당하게 노동자를 괴롭히는 '일터 괴롭힘'이 널리 퍼져 있습니다. 임금을 받는 노동이니 자유가 제약을 받을 수 있다지만 노동력을 제공하는 것이지 인격을 파는 것이 아닌데, 한국에서는 노동이 굴욕을 강요하는 사례가 많습니다. 청소년 '알바'부터 일용직, 비정규직, 정규직을 가리지 않고 일을 배우고 수행하는 과정 하나하나가 인간에게 굴종을 강요하고 자존감을 파괴합니다. 먹고 살아야 하기에 부당한 일을 당해도 참고 일하는 경우가 많은데, 기본소득은 기본생활을 보장해서 부당함을 버틸 힘을 마련하도록 도울 수 있습니다. 예를 들어 우리 사회에는 사회적 사각지대에 몰려 소외된 채 살아가는 여성들이 적지 않습니다. 기본소득이 제대로 정착한다면 그들도 심각한 가정폭력을 당하면서도 생계수단이 없어 가정을 벗어나지 못하거나 성희롱, 성폭력을 당하기 쉬운 저임금 일자리에 얽매일 필요가 없습니다.

매우 이상적인 이야기 같지만, 미국 알래스카 주와 나미비아의 오티베로-오미타라, 남미의 브라질에서도 기본소득 정책이 다양한 형태로 이미 실시되고 있습니다. 스위스나 핀란드는 기본소득 도입을 위한 국민투표를 실시하기도 했고, 네덜란드와 뉴질랜드, 캐나다, 영국 등에서도 기본소득이 논의되고 있습니다. 정부가 제공하는 복지서비스가 시민들의 필요에 잘 맞지 않고 정부가 제공하는 일자리 역시 고용 불안을 해소하기에는 턱없이 부족하거나 저임금노동이라는 비판을 받으면서 복지국가의 대안으로 기본소득이 논의되고 있는 것입니다. 문제는 기본소득을 보장할 재원인데, 판 빠레이스는 자원을 공평하게 분배하고 고소득자에게 더 많은 세금을 걷으면 필요한 재원을 모을 수 있다고 봅니다. 즉 돈을 많이 버는 사람들에게 세금을 더 걷어서 가난한 사람들의 기본소득으로 활용할 수 있다는 것입니다.

또한 매우 혁명적인 이야기 같지만, 기본소득은 보수도 지지하는 정책입니다. 복지국가에 비판적인 경제학자 밀턴 프리드먼(Milton Friedman, 1912~2006)은 기본소득과 비슷한 '마이너스 소득세'를 제안했습니다. 소득이 일정 수준 이상인 사람들에게 세금을 걷고 그 수준에 이르지 못하는 사람들에게는 보조금을 지급하자는 것인데요. 사람들의 소득 수준이 향상되면 보조금은 줄어들고 세금은 늘어나니 재원은 크게 문제가 되지 않을 거라 본 것입니다. 그리고 페이스북을 만든 마크 저커버그(Mark Elliot Zuckerberg, 1984~)나 테슬라를 설립한 일론 머스크(Elon Reeve Musk, 1971~)도 로봇이 인간의 일자리를 대체할 것이라며 기본소득을 지지합니다.

한국에서도 기본소득과 비슷하게 노인을 위한 기초노령연금 제도가 실시되고 있고, 2020년 6월에 당시 미래통합당의 김종인 비상대책위원장이 배고픈 사람도 빵을 먹을 수 있어야 한다며 '한국식 기본소득'을 준비하자고 제안하기도 했습니다. 더

기본소득은 임금에만 의지하지 않고
스스로 삶을 꾸려갈 기회를 보장하는
사회를 만든다는 것이지요.

불어민주당도 기본소득을 적극적으로 수용하고 있고, 정의당과 진보당, 녹색당, 미래당 같은 진보정당들도 기본소득을 주요 정책으로 내세우고 있습니다. 그런 점에서 한국에서 기본소득은 진보와 보수를 아우르는 정책이라고 볼 수 있습니다.

하지만 기본소득은 여전히 논쟁적인 주제입니다. 일을 하지 않아도 소득을 지급한다면 누가 일을 하겠냐는 목소리부터 누가 그 막대한 재정을 부담하느냐, 기본소득이 기존의 복지체계를 무너뜨리고 복지를 상품화시킨다, 기본소득보다 공적인 복지망을 강화시키는 것이 한국 현실에 더 필요하다는 목소리까지 다양합니다. 기본소득을 전면 실시한 나라들이 별로 없다는 점을 고려하면 이런 비판들은 옹호론의 '기대'와 비슷한 수준으로 아직은 '우려'에 가깝습니다. 이제껏 가보지 않은 길이란 얘기지요. 다만 진보와 보수를 떠나서 경제성장이 아니라 지속가능성이 중요한 화두인 오늘의 시점에서 미래를 위한 전환은 피할 수 없습니다.

어떤 의미에서는 진보적 기본소득과 보수적 기본소득에 대한 구별이 필요하다고 봅니다. 진보적 기본소득이 시민의 인권과 노동권을 강화시키고 대안 경제의 실현을 추구한다면, 보수적 기본소득은 일자리 감소에 따른 소득을 보완하고 복지체계를 개인의 수요 중심으로 개편할 수 있습니다. 과학기술이 인간과 사회에 미칠 영향이 분명해진 만큼 우리는 부정적인 면을 줄이고 긍정적인 면을 활용할 계획을 세워야 하고 이때 기본소득은 주요한 정책이 될 수 있습니다. 앞으로 우리가 어떻게 일하고 생활할 것인지에 관해서는 여전히 더 많은 논의가 필요합니다. 진보와 보수는 이런 논의를 자신들의 입장에서 더 진전시켜야 합니다.

3
경제성장과 기후위기로 본
진보와 보수

2019년 가을에 시작된 호주의 산불을 기억할 것입니다. 2020년 봄까지 몇 달 동안이나 산불이 이어졌고 한국 면적만큼의 땅이 불탔습니다. 끔찍한 산불이었습니다. 그 뒤로도 미국, 캐나다, 터키 등 곳곳에서 산불이 일어났고 2021년 여름에는 얼어붙은 땅이라 불리는 시베리아에서도 산불이 일어나 몇 달 동안 꺼지지 않았습니다. 한국에서도 2020년에만 안동과 고성, 울주에서 대형 산불이 발생했고 2022년 3월에 발생한 울진 산불은 서울 면적의 40%가 넘는 산림에 피해를 입혔습니다. 갑자기 왜 이렇게 산불이 커지고 오랫동안 발생할까요? 대부분의 과학자들은 그 원인으로 온실효과와 기후위기를 지적합니다.

온실효과는 이탄화탄소, 메탄, 아산화질소 같은 기체들이 지구 표면의 열을 가두는 현상을 말합니다. 태양열이 지구 표면에 반사되어 지구 밖으로 나가야 하는데 이런 기체들이 열을 붙잡는 것입니다. 그래서 지구의 평균온도가 계속 올라가고 있고, 강수량이 적어지면 건조 현상이 심각해집니다.

2018년 10월 8일 유엔의 산하기구인 기후변화정부간협의체(IPCC)는 제48차 총회에서 '지구온난화 1.5도 특별보고서'를 승인했습니다. 이 보고서에 따르면, 현재 속도로 지구온난화가 계속될 경우 지구의 평균온도는 2030년에서 2052년 사이에 산업화 이전과 대비할 때 1.5℃ 이상 높아질 수 있습니다. 이 보고서는 그럴 경우 육지와 해상 모두에서 평균온도가 상승하고 인간의 거주지역에서 극한 고온과 가뭄, 생물 종의 변화, 질병과 사망률 증가, 농업과 어업의 생산량 감소 등의 현상이 나타날 것이라 경고합니다. 그리고 지구의 평균 해수면이 높아져서 1.5℃ 상승할 경우 곤충의 6%, 식물의 8%, 척추동물의 4%가 사라지고 2℃ 상승할 경우 곤충의 18%, 식물의 16%, 척추동물의 8%가 사라질 것이라 예측합니다. 몇몇 종의 감소가 아니라 생태계 자체의 붕괴를 뜻한다는 점에서 이것은 심각한 위기입니다. 인간의 건강과 생계, 식량 안보와 물 공급 등에 미치는 영향은 1.5℃ 지구온난화보다 2℃에서 훨씬 더 증가할 것으로 전망됩니다.

이런 위기는 모두에게 동일한 피해를 주지 않습니다. 1.5℃ 이상의 지구온난화는 사회의 소외계층, 취약계층, 토착민, 농업 또는 어업에 생계를 의존하는 사회에 더 큰 영향을 미칩니다. 에너지를 편하게 쓸 수 없고 폭염에도 야외에서 일할 수밖에 없는 사람들이 더 큰 피해를 입게 되는 것입니다. 하물며 가뭄과 폭염이 같이 온다고 생각해 보세요. 가난한 사람들은 물을 구하기 매우 어려워질 겁니다. 지구온난화가 심화되고 가뭄과 홍수, 기상이변의 빈도가 늘어나면 빈곤층과 소외계층은 훨씬 더 증가할 것으로 예상됩니다. 이미 등장한 '기후난민'이라는 말은 해수면의 상승이나 심각한 재난으로 삶터를 잃고 떠도는 사람들을 가리킵니다. 반면에 위기에 대응할 정보를 미리 구하거나 안전을 확보할 수 있는 사람, 필요한 서비스를 얼마든지 화폐로 구매할 수 있는 사람들은 비교적 위기의 영향을 적게 받을 수 있습니다.

문제는 기후위기의 경우 이 불평등의 결과를 가늠하기 어렵다는 점입니다. 경작환경이 바뀌거나 해수면이 상승하고, 견딜 수 없는 열이나 추위에 노출될 경우 누가, 그리고 어느 지역이 얼마나 피해를 입을지 미리 예측할 수 없습니다. 따라서 어떻게든 2℃로의 상승을 막고 1.5℃로 제한하는 것이 전 세계의 공통된 과제입니다. 2021년 8월, 안토니오 구테흐스 유엔 사무총

'기후난민'이라는 말은 해수면의 상승이나 심각한
재난으로 삶터를 잃고 떠도는 사람들을 가리키는
말입니다. 반면에 위기에 대응할 정보를 미리
구하거나 안전을 확보할 수 있는 사람들은
비교적 위기의 영향을 적게 받을 수 있습니다.

장도 "우리는 머지않은 날에 기온 상승이 1.5도를 넘어설 수 있는 위험에 처해 있다. 1.5도 목표를 지켜내기 위해 결단력 있게 행동해야 한다."고 말했습니다.

그럼에도 이미 기후위기를 막을 골든타임을 놓쳤다는 평가가 지배적입니다. '1.5도 특별보고서'가 나온 뒤에도 전 세계 온실가스 배출량은 줄어들지 않았고, 코로나19가 대유행하던 초기에만 잠깐 주춤했을 뿐입니다. 코로나19 유행기에 온실가스 배출량이 줄어들었다는 것은 경제활동과 온실가스 배출이 밀접하게 연관되어 있다는 얘기인데, 지금의 성장 중심 정책이 바뀌어야 한다는 뜻이기도 합니다.

지구 평균온도 상승을 1.5℃로 막는다는 목표 하에 전 세계가 쓸 수 있는 탄소 예산(carbon budget)은 420기가톤(Gt, 1기가톤 =10억 톤) 정도로 추정됩니다. 그리고 한국이 쓸 수 있는 탄소 예산은 넉넉하게 잡아도 10Gt 정도로 얘기됩니다. 그런데 한국은 2018년 약 7억 2천만톤, 2019년 약 7억톤, 2020년 약 6억 5천만톤의 온실가스를 배출했습니다. 2018년 이후 줄어들고는 있지만 지금 속도로는 20년도 버티기 어렵습니다. 즉 한국은 지구 평균온도 상승을 1.5℃로 제한하는 전 세계적인 과제에서 자기 몫을 못하고 있다고 봐야 합니다.

현재의 기후위기는 단순히 몇몇 지역을 보전하는 것만으로 해결될 수 없는 심각한 상황입니다. 2021년 9월에 한국 국회가 의결한 '기후위기 대응을 위한 탄소중립, 녹색성장기본법'은 "기후위기의 심각한 영향을 예방하기 위하여 온실가스 감축 및 기후위기 적응대책을 강화하고 탄소중립 사회로의 이행 과정에서 발생할 수 있는 경제적, 환경적, 사회적 불평등을 해소하며 녹색기술과 녹색산업의 육성, 촉진, 활성화를 통하여 경제와 환경의 조화로운 발전을 도모함으로써, 현재 세대와 미래 세대의 삶의 질을 높이고 생태계와 기후체계를 보호하며 국제사회의 지속가능발전에 이바지하는 것을 목적"으로 하고 있습니다. 이런 목표를 세우고는 있지만 이 법은 온실가스 감축 목표량을 낮게 잡고 기업의 이익을 보장하는 데 초점을 맞추고 있다는 비판을 받고 있습니다.

이런 비판이 타당한 이유는 한국이 기후위기 시대에도 석탄화력발전소와 재생에너지 시설을 동시에 짓는 나라이기 때문입니다. 사람의 이동을 가로막는 코로나19의 유행에도 제주 제2공항, 가덕도 신공항 등 대형 국제공항들을 계속해서 지으려 하는 나라, 탄소중립을 선언하고서도 각종 개발 사업들을 추진하겠다는 나라가 바로 한국이니까요. 한국은 여전히 경제성장에 대한 집착이 강해서 기후위기에 적극적으로 대응하지 않거나 이른바 신성장 산업에만 적용하려 하고 있습니다.

정부가 나서지 않으니 우리라도 열심히 하자고 생각할 수 있지만, 기후위기는 우리'만' 열심히 해서 해결할 수 있는 문제가 결코 아닙니다. 정부와 기업이 움직이지 않으면 기후위기는 결코 막을 수 없습니다. 유럽의 탄소국경세(이산화탄소 배출이 많은 국가에서 생산된 제품에 부과되는 관세)나 RE 100(재생 가능한 전력 Renewable Electricity의 줄임말. 2050년까지 기업이 사용하는 전력의 100퍼센트를 재생에너지로 조달하자는 캠페인) 같은 전 세계의 흐름을 볼 때 기업은 수출을 위해서라도 어느 정도 온실가스 저감에 나서겠지만 문제는 정부입니다. 한국경제의 틀을 잡아 온 정부 정책이 바로 서야 하고, 이를 요구할 사회적인 힘이 필요합니다.

그러나 기후위기의 원인과 영향에 대한 보수와 진보의 입장은 서로 다릅니다. 보수는 기후위기의 영향이 과대평가되었다고 보거나 그 원인이 경제성장보다 자연적인 변화의 결과라고 진단합니다. 나아가 진보가 기후를 지나치게 부각시켜서 사람들의 공포를 자극한다고 비난하는 보수주의자도 있습니다. 자연스러운 생태계 변화를 자본주의를 비난하는 도구로 쓴다는 것이지요. 반면에 진보는 경제성장이 기후위기를 불러온 원인이기 때문에 무조건 성장하는 것보다 저성장이나 탈성장으로

가야 한다고 봅니다. 생태계를 복원하고 지속시켜야 인류의 미래가 보장될 수 있다는 것입니다.

진보와 보수는 기후위기에 대한 대안도 다릅니다. 생태계 보전을 주장하는 보수주의자도 있지만 보수의 주류는 경제성장이 멈추기를 원하지 않습니다. 원인에 대한 진단이 다르면 대응책도 달라지는 법, 그래서 보수는 기후위기에 대응할 새로운 산업을 주장합니다. 앞서 봤던 4차산업이나 핵발전, 대규모 재생에너지 및 탄소 포집 장치, 미래 수소산업 등이 그런 경우들입니다. 보수는 이런 산업들이 기후위기를 누그러뜨리거나 막을 수 있다고 주장합니다.

반면에 진보에서 기후위기를 극복하는 방법은 단순히 자연생태계를 보전하는 것만이 아니라 사회의 불평등을 완화시키는 것입니다. 진보의 관심은 기후위기에 따른 자연변화만이 아니라 그로 인해 증폭될 사회적 불평등입니다. 힘없고 가난한 사람들이 더욱더 가혹하게 위기를 경험할수록 그들의 미래는 더욱 어두워질 수밖에 없다는 것입니다. 그리고 전 세계 상위 10%의 부자들이 전체 온실가스 배출량의 절반 정도를 배출한다는 점을 고려하면 그들이 더 많은 책임을 져야만 한다는 것입니다. 그래서 '기후정의'라는 개념이 등장했습니다. 생태계 파괴로 이득을 본 사람들과 국가들에게 더 많은 책임을 지워야 한다는 것이지요.

특히 기후위기에 대응하기 위해 온실가스를 대폭 줄이려면 탄소배출량이 많은 산업들이 대대적으로 축소되어야 합니다. 석탄화력발전소만이 아니라 철강과 자동차, 화학산업들의 대규모 조정이 필요하고, 그 과정에서 많은 노동자들이 일자리를 잃거나 저임금 노동으로 내몰릴 수 있습니다. 지구의 위기를 극복하기 위한 전환에서 농민이나 노동자들이 입을 피해를 줄이고 다른 일자리를 마련하기 위해 진보는 '정의로운 전환'이라는 개념을 내놓았습니다.

2021년에 정의당이 국회에 제출한 '기후정의법'에는 "기후위기 상황을 극복하기 위한 정책 추진 과정에서 직, 간접적으로 피해를 볼 수 있는 지역사회나 산업의 노동자, 농민, 중소상공인 등의 권리를 최대한 보장하고, 탈탄소사회 전환 부담을 사회적으로 분담하며, 취약계층의 피해를 최소화하는 정책 방향"으로 정의로운 전환을 이야기하고 있습니다. 국제노동기구(ILO)도 2013년 결의안에서 사회적 대화(social dialogue), 사회적 보호(social protection), 노동 권리(rights), 적극적 노동 시장 정책(active labour market policies)을 네 가지 원칙으로 제시한 바 있는데, 진보는 기후위기의 원인과 해결책 모두에서 정의와 평등이 중요하다고 봅니다.

전 세계 상위 10%의 부자들이 전체 온실가스
배출량의 절반 정도를 배출한다는 점을 고려하면
그들이 더 많은 책임을 져야만 한다는 것입니다.
그래서 '기후정의'라는 개념이 등장했습니다.

그런 의미에서 기후위기 대응책에서도 진보와 보수의 입장
이 구분될 수 있습니다. 진보적 기후위기 대응은 기후위기를
불러온 경제성장의 문제를 인식하고 사회의 전환을 추구합니
다. 반면에 보수적 기후위기 대응은 기후위기를 과학기술로 극
복할 수 있다고 믿으며 불평등 문제의 해결보다 경제성장을 추
구합니다. 한국에서도 진보는 앞서 얘기한 탄소중립, 녹색성장
기본법이 기후위기를 막을 수 없을뿐더러 미래 세대의 권리를
침해한다며 헌법소원에 나섰고, 보수는 기본법조차도 무리한
요구라며 온실가스 감축 목표량을 낮출 것을 요구합니다.

과연 누구의 이야기를 듣는 것이 미래를 위한 좋은 선택이
될까요? 한국의 진보와 보수는 지구적인 위기 상황에서 어떤
전환의 길을 택해야 할까요? 그리고 그 전환 과정에서 생길 여
러 문제들은 어떻게 해결되어야 할까요? 아직까지 그 답은 명
확하지 않습니다. 지속가능한 미래를 위해 모두 함께 답을 찾
아가야 합니다.

IV.
21세기, 진보와 보수는 유효할까?

진보든 보수든
참여하고 판단하며 책임지는
민주시민이 늘어나도록 하는 것을
중요한 과제로 삼아야
합니다.

이 장에서는 정치와 관련해 뜨거운 논쟁거리로 부각되고 있는 주요 이슈를 짚어 보면서 21세기에도 진보와 보수는 여전히 유효할지 이야기하려 합니다. 세상이 민주화되었다고 하는데, 왜 실감은 별로 나지 않을까요? 민주주의가 실현되면 모두가 행복하게 살 줄 알았는데, 여전히 사회의 불평등은 심각하고 사건 사고가 끊이지 않습니다. 민주주의를 주장한 사람들이 거짓말을 한 걸까요?

모두가 주인인 민주주의 사회이고 누구나 참여할 수 있으니 잘못된 관행이나 제도들이 바뀌어야 하는데, 현실의 벽은 여전히 높습니다. 참여할 통로는 늘어났지만 그 통로에 접근하기 어려운 사람들이 여전히 존재하고 참여에 필요한 정보도 어디서 구해야 할지, 우리에게 어떤 권리가 있는지 알기는 쉽지 않습니다. 자신의 권리를 잘 모르니 타인의 권리에 대해서도 무관심하고, 때로는 타인에 대한 부당한 공격을 눈감아주기도 합니다. 민주주의 사회라면 비판은 있을지라도 타인의 인격에 대한 비난은 금지되어야 하는데, 왕따나 조리돌림 같은 집단 괴롭힘이 유행합니다.

한국사회에 공기처럼 널리 퍼져 있는 차별과 혐오는 일상에서 '갑질문화'를 수용하게 만듭니다. 지금의 처지는 내가 선택한 것이 아닌데, 마치 내 인격과 능력의 결과인 것처럼 규정당

지금의 처지는 내가 선택한 것이 아닌데,
마치 내 인격과 능력의 결과인 것처럼 규정당합니다.
네가 게을러서, 네가 어리니까, 네가 뚱뚱하니까,
넌 다른 나라 사람이니까, 사회의 위계질서에서 아래쪽에
위치한 사람일수록 이런 부당한 공격을 받기 쉽습니다.

합니다. 네가 게을러서, 네가 어리니까, 네가 뚱뚱하니까, 넌 다른 나라 사람이니까, 사회의 위계질서에서 아래쪽에 위치한 사람일수록 이런 부당한 공격을 받기 쉽습니다. 그러니 한 단계라도 더 위로 올라가기 위해 몸부림을 치지만 올라가는 것보다 내려가는 속도가 더 빠릅니다.

문제는 이번에도 정치입니다. 영화나 드라마를 보면 강자들은 약자들을 마음껏 조롱하고 비웃습니다. 당신 같은 약자들이 우리 같은 강자들에게 스스로 복종하고 선거로 뽑아주며 이런 세상을 정당화시켰다고요. 정말 그럴까요? 정말 우리가 이런 차별과 혐오의 세상을 스스로 만든 걸까요? 내가 나이를 먹어서, 내가 가난해서, 내가 능력이 없어서 이런 세상을 만들고 받아들이게 된 걸까요? 민주주의가 더디게 실현되는 이유와 변화를 일으킬 방법을 함께 고민하면 좋겠습니다.

1
참여가 민주주의를
활성화시킬까?

우리 시대의 시민이란 어떤 존재일까요? '개인의 삶을 넘어서 공동체의 일에 관심을 가지고 참여하는 사람이 시민'이라는 말이 정답처럼 떠오르지만, 그렇게 사는 사람들은 과연 얼마나 될까요? 그리고 개인의 일과 구분되는 공동체의 일이란 어떤 것일까요? 집 밖으로 나서면 모든 게 낯설고 불안한 세상에서 우리가 관심을 가져야 할 공동체의 일이란 무엇일까요?

그래도 혼자 사는 세상은 아니니 공동체의 일에 참여하겠다고 마음을 먹어도 뭘 해야 할지 막막합니다. 대통령 선거나 국회의원 선거, 지방 선거로 정치인을 뽑긴 하는데, 한 사람의 평범한 시민으로서 그들이 이런저런 결정을 내리는 데 주체적으로 참여할 수 있는 건지, 어떤 일들에 참여할 수 있는지 정보가 별로 없습니다. 내가 뽑은 정치인들의 이름도 외우기 힘든데, 그 사람들이 행사하는 권한에 대해서는 더더욱 알기 어렵습니다.

1991년부터 지방자치제도가 부활하면서(1961년에 박정희 정부가 지방의회를 해산하고 단체장을 임명직으로 바꿔서 지방자치제도를 유보시켰습니다.) 중앙정부의 권한이 지방정부로 많이 내려왔습니다. 지방의회도 국회처럼 지방정부를 감시하고 비판하며 시민들의 의견을 대변하는 역할을 합니다. 하지만 지방정부와 지방의회도 지금의 청와대와 국회가 그렇듯이 여러 면에서 민주적으로 움직이고 있다고 보기는 어렵습니다. 그래서 어떻게 보면 시민들이 관심을 가지고 참여해야 할 영역이 예전보다 더욱 넓어졌습니다.

과거에는 정부가 일방적으로 통치했다면 이제는 거버넌스(governance, 다양한 이해당사자가 협의체를 구성해서 문제를 해결하는 과정으로 협치協治, 공치共治라고 불리기도 합니다.)라고 해서 시민들을 참여시키는 각종 위원회들이 만들어졌습니다. 각 지방정부마다 적으면 수십 개의 위원회들이 조직되어 시민들에게도 다양한 참여 기회가 열려 있습니다. 가령 지방정부의 예산편성 과정에 시민이 참여하는 주민참여예산위원회, 지역 내 복지 문제를 찾아내고 해결해가는 지역사회보장협의체 등이 구성되어 있습니다. 그리고 각 읍, 면, 동 단위에 주민자치회가 구성되고 과거의 동사무소들이 주민자치센터나 복지회관으로 바뀌어 마을의 문제를 주민들이 직접 해결하도록 하고 있습니다. 또한 전자투표나 온라인 플랫폼처럼 더 효과적인 참여를 위한 여러 방법들도 고안되고 있습니다. 이렇게 보면 과거와 달리 지금은 참여 의지가 있으면 직접 할 수 있는 방법들이 늘어났습니다.

이렇게 참여의 통로는 분명 많아졌지만 시민의 참여가 그만큼 활성화되었는지는 의문입니다. 역대 투표율을 비교해 보면 민주화 이후 떨어지는 추세이다가 다시 올라가는 경향을 보입니다. 대통령 선거 투표율은 15대(1997년) 80.7%, 16대(2002년) 70.8%, 17대(2007년)에서는 63%로 떨어지다가 18대(2012년) 75.8%, 19대(2017년)에서는 77.2%로 상승하는 모습을 보이고 있습니다. 국회의원 선거 투표율은 17대(2004년) 60.6%, 18대(2008년)는 46.1%까지 떨어졌다가 19대(2012년) 54.2%, 20대(2016년) 58%, 21대(2020년)에서는 66.2%로 올라가고 있습니다. 지방 선거 투표율은 3회(2002년) 48.9%, 4회(2006년) 51.6%, 5회(2010년) 54.5%, 6회(2014년) 56.8%, 7회(2018년) 60.2%로 꾸준히 오르고 있습니다. 투표율이 다시 높아지고 있는 점은 분명히 긍정적입니다. 하지만 그 외의 영역들에서는 시민참여가 제대로 이루어지지 않거나 새마을운동중앙회, 자유총연맹, 바르게살기운동협의회 같은 관변단체를 비롯하여 지역의 알려진 사람들만 주로 참여한다는 비판이 많습니다.

그렇다면 평범한 시민들은 주로 어디에서 활동하고 있을까요? 통계청의 「사회단체 활동 정도」를 보면, 2019년을 기준으로 시민들이 소속감을 가지고 적극적으로 활동한다고 답한 결사체의 순위가 동창회 향우회(7.3%), 동호회(5.3%), 종교단체(5.0%), 자원봉사 기부단체(2.1%), 지역사회 공공모임(1.7%), 노동조합단체 사업자단체 직업조합(1.1%), 시민단체(1.1%), 사회적 경제조직(1.0%), 정당(0.4%)의 순서입니다. 한국의 경우 시민단체나 정당 같은 민주주의의 기반이 되는 조직보다는 동창회나 향우회 같은 연고조직의 활동 비율이 훨씬 높습니다. 그리고 한 번도 소속된 적이 없다는 단체의 비율을 보면 시민단체(88.8%), 사회적 경제조직(88.4%), 정당(87.4%) 순으로 높고, 동창회나 향우회에 소속된 적이 없는 비율은 44.0%로 가장 낮습니다. 한국사회의 주된 사회 참여 활동이 민주주의보다 연고망에 얽혀 있다는 반증인 것입니다.

그런 의미에서 이제 시민 참여는 기존의 관계망을 벗어나 우리가 서 있는 자리를 돌아볼 필요가 있습니다. 우리 지역과 나라에서 어떤 일이 벌어지고 있는지, 왜 그런 일이 벌어지는지,

중요한 의사결정 과정에서 배제된 사람은 없는지, 알고 있는 정보는 충분히 공유되고 있는지, 부당한 기준이나 조건이 잘못된 결정을 정당화시키는 건 아닌지를 돌아봐야 합니다. 그런 점에서 민주시민이란 주위를 돌아보며 배제된 사람들의 목소리에 귀를 기울이고 혹시라도 부당한 결정이 내려지고 있는 건 아닌지 끊임없이 질문을 던지는 사람이라 얘기할 수 있습니다.

나치즘을 경험했던 사상가 한나 아렌트(Hannah Arendt, 1906~1975)는 『인간의 조건』이라는 책에서 20세기 인류에게 닥친 위기를 짚으며 정치가 무기력해진 것의 문제를 지적합니다. 무의미한 말이 난무하거나 사람의 가치가 숫자로 대체되면서 인간이 자신과 타자에게 의미 있는 말을 건네지 못하는 상황, 지금의 인간과 세계가 파괴되더라도 인공적인 세계를 만들어 대체할 수 있다는 생각, 지구 자체를 파괴해서라도 집단의 목적을 실현하겠다는 생각은 나치즘으로 집약되었습니다. 나치즘은 기존의 진보와 보수 모두를 위협하며 인류를 인종과 이념에 따라 구분하고 쓸모없는 사람을 말살시키려 했습니다. 나치즘이 만든 강제수용소는 이런 말살의 도구였고, 아렌트는 이런 엄청난 위기를 맞이했는데도 여전히 타자를 대면하지 않고 생각하기를 거부하며 판단하지 않으려는 삶, 공허한 진리를 되뇌이며 스스로 사유하지 않는 삶이야말로 우리 세계를 위협하는 근본적인 악이라고 경고했습니다.

한나 아렌트는 그런 악의 대표적인 사례로 많은 유대인들을 가스실로 보내 학살했던 아우슈비츠 수용소 소장 아이히만(O.R. Eichmann, 1906~1962)을 예로 듭니다. 자신의 죄를 다루는 법정에서 아이히만은 '자신이 공무원이고 정부가 시킨 일을 충실히 수행했을 뿐 유대인들을 일부러 해친 적이 없다'고 주장했습니다. 더 빨리, 더 많이 유대인들을 처리하라는 명령을 받았을 뿐 스스로 결정한 건 아니었다는 것이지요. 비겁한 변명이긴 했지만, 아이히만은 악마 같은 사람이 아니라 근면하게 일하는 공무원 같은 사람이었던 것입니다. 그저 명령에 복종할 뿐 자신의 결정에 책임지지 않으려 했던 그의 삶이 엄청난 비극을 불러왔다고 아렌트는 지적합니다.

이를 과연 '아이히만의 특수한 사례'라고 할 수 있을까요? 한국사회에서 착실히 엘리트 코스를 밟아온 사람들의 판단력을 한번 살펴볼까 합니다. 청와대와 국회, 중앙행정부처는 그런 엘리트들로 채워져 있는데 이제껏 그곳은 수많은 부정부패가 끊이지 않았던 온상이기도 합니다. 상식적으로 생각하면 옳지 않은 일인데도 그들은 권력자의 비위를 맞추기 위해, 자신이 더 강한 힘을 갖기 위해 그런 일들을 해왔습니다. 쓸모없는 국책사업으로 엄청난 돈을 낭비하고, 무고한 사람들을 간첩으

자신의 죄를 다루는 법정에서 아이히만은
'자신이 공무원이고 정부가 시킨 일을
충실히 수행했을 뿐 유대인들을
일부러 해친 적이 없다'고 주장했습니다.

• 법정에서의 아이히만 •

로 만들거나 부적절한 사람을 승진시키고, 사고 위험을 알면서도 불량부품을 사용하는 등의 문제를 저질렀던 사람들은 머리가 나쁜 게 아니라 생각과 판단이 없었던 겁니다. 판단하지 않는 인간, 생각하며 행동하지 않는 인간은 자기가 발 딛고 선 세계의 정치를 형편없이 망가뜨리고 동료 시민들에게 굴욕감을 주며 잘못된 관행과 제도를 유지시킵니다.

그런 점에서 진보든 보수든 참여하고 판단하며 책임지는 민주시민이 늘어나도록 하는 것을 중요한 과제로 삼아야 합니다. 민주시민은 민주주의에 관한 지식을 암기하거나 특정한 모델을 따르는 사람이 아니라 끊임없이 대화하며 현실을 인식하고 때로는 과감하게 행동할 줄 아는 사람입니다. 인류 역사는 신중하게 판단하고 열정적으로 행동했던 시민들 덕에 발전해 왔습니다. 법으로 금지된 여성 참정권을 획득하기 위해 저항한 페미니스트들이 있기에 인류 역사는 한 단계 진보했고, 이동권을 보장해 달라는 장애인들의 투쟁이 있었기에, 노동조합을 설립할 권리를 보장하라는 노동자들의 파업이 있었기에 우리의 삶은 조금 더 나아졌습니다. 우리 사회는 이러한 민주시민이 더 많이 필요합니다.

한국사회는 매우 역동적인 사회입니다. 거리로 쏟아져 나온 수많은 사람들이 있었기에 현직 대통령이 탄핵되기도 하고, 광장을 가득 메운 사람들이 있기에 정부의 잘못된 정책 결정에 항의할 수도 있었습니다. 누군가는 촛불을 들고 나서고 또 누군가는 그들 옆에 서면서 목소리를 내어 동참을 호소할 수 있었습니다. '이제 그만하면 됐으니 집으로 돌아가자'가 아니라 이런 역동성이 계속 유지될 수 있도록 진보와 보수는 힘을 모아야 합니다. 코로나19 시대에는 함께 모여 결정한다는 민주주의의 공식이 성립되기 어려운데, 그러면 또 어떻게 해야 하는지 그 방법을 찾아야만 합니다.

사실, 시민참여는 공적인 목적만이 아니라 개인의 행복을 위해서도 필요합니다. 한국은 개인적인 이해관계를 감추는 것이 공적인 것처럼 얘기하지만 실제로는 여러 개인들의 이해관계가 뭉쳐지고 다른 이해관계와 충돌하며 공적인 목적을 만듭니다. 그런 점에서 한국은 더욱더 많은 개인들이 목소리를 내고 자신의 문제가 혼자의 문제가 아니라 사회의 문제임을 드러내야 합니다.

미국의 사상가 벤자민 바버(Benjamin Barber, 1939~2017)는 『강한 시민사회, 강한 민주주의』라는 책에서 민주주의의 목적은 추상적인 개념들을 구체적인 상황에 적용하는 것이 아니라 오히려 구체적인 상황으로부터 실제로 도움이 될 만한 추상적인 개념들을 추출하는 것이라고 주장합니다. 다시 말해 정치는 절

한국사회는 매우 역동적인 사회입니다.
거리로 쏟아져 나온 수많은 사람들이 있었기에
현직 대통령이 탄핵되기도 하고,
광장을 가득 메운 사람들이 있기에 정부의
잘못된 정책 결정에 항의할 수도 있었습니다.

대적인 진리를 인간관계에 적용하는 것이 아니라 지금의 상황을 해결하는 데 필요한 시사점들을 인간관계에서 끌어내는 것입니다. 이런 적용이 가능하려면 시민들은 개인의 문제를 사회화하고 자신의 경험을 객관화시키는 훈련을 계속해야 합니다. 일상생활에서 불편함을 느끼는 문제들, 예를 들어 비싼 핸드폰 요금제, 근로계약서를 작성하지 않는 알바, 청소년들이 사용할 수 있는 공간의 부족 등을 기업과 정부에 보낼 공개적인 요구안으로 만드는 연습을 할 필요가 있습니다. 민주시민은 자신의 문제와 경험을 공개적으로 드러내고 그런 과정을 정당한 권리로 누릴 수 있도록 서로 돕는 사람들입니다.

어떤 권리를 어느 정도로 보장할 것인지에 대하여 구체적인 부분에서 보수와 진보의 입장이 달라질 수는 있습니다. 그렇지만 시민의 다양한 활동이 늘어나고 시민사회가 활성화되어야 민주주의가 지속될 수 있다는 점은 분명합니다. 활력 있고 역동적인 시민사회는 진보만이 아니라 보수에게도 필요하고, 그래야만 민주주의도 지속될 수 있습니다. 시민의 권리는 특정한 사람들을 위해서가 아니라 누구라도 겪을 수 있는 문제, 의도하지 않았지만 미래에 닥칠 수 있는 문제에 대비하기 위해 필요합니다.

2

민주주의는 차별과 혐오를
막을 수 있을까?

코로나19를 겪으며 '필수노동'이라는 말이 등장했습니다. 간호사와 간병인, 배달노동자, 청소노동자 등 사회가 정상적으로 돌아가기 위해 꼭 필요한 노동을 가리킵니다. 위기를 극복하기 위해 가장 열심히 노력하는 사람들이지만 이들의 힘든 노동조건은 바뀌지 않고 사회적인 존중도 별로 없습니다. 그러다 보니 앞으로 더 많이 필요한 일자리임에도 선뜻 나서는 사람들이 적습니다.

한국처럼 타인의 친절한 서비스를 요구할 뿐 타인이 처한 상황을 신경 쓰지 않고 희생을 당연시하는 사회에서 차별과 혐오는 자라기 쉽습니다. 더구나 자기 정체성을 인정받지 못하고 정체성을 속이며 평생을 살아야 하는 성소수자들, 어릴 적부터 부당한 차별을 받으며 자란 이민자 2세들, 불공정한 경쟁에서 버티지 못한 약자들에게 쏟아지는 비난들인 '혐오'는 지금 한국사회의 현상을 대표하는 단어입니다.

차별이 개인이나 집단의 특성을 문제 삼아 부당하게 대우한다면, 혐오는 그냥 싫은 감정이 아니라 상대의 정체성을 부정하고 배제하고 말살하려는 태도를 가리킵니다. 차별이 타자를 깔보고 통제하려 든다면, 혐오는 타자에 대한 부정이자 그들과 공유하는 세계에 대한 거부입니다. 차별과 혐오는 서로 맞물려 사회의 주류에 속하지 않은 존재, 주류에 속할 수 없는 존재를 위협합니다. 차별과 혐오가 난무하는 상황에서는 비판이나 성찰이 무의미해지고 근거 없는 공격이 분노를 자극하는데, 지금 한국에서는 이런 분위기가 확산되고 있습니다. 토론회나 논의는 많아지지만 그런 행사를 통해 만들어지는 공감이 없습니다. 이런 분위기에서는 민주주의의 기본 가치인 연대의식이 형성되기 어렵습니다.

서로 공유하는 감정이나 생각이 없기 때문에 시민의식이나 연대 이전에 필요한 건 서로의 관계성을 파악하는 것입니다. 이런 관계성을 파악하는 방법 중 하나는 대화를 통한 사유입니다. 대화를 통한 사유, 말이 좀 어렵지만 브라질의 교육학자 파울로 프레이리(Paulo Freire, 1921~1997)는 『페다고지』라는 책

차별이 개인이나 집단의 특성을 문제 삼아 부당하게
대우한다면, 혐오는 그냥 싫은 감정이 아니라
상대의 정체성을 부정하고 배제하고 말살하려는
태도를 가리킵니다. 차별과 혐오는 서로 맞물려
사회의 주류에 속하지 않은 존재, 주류에
속할 수 없는 존재를 위협합니다.

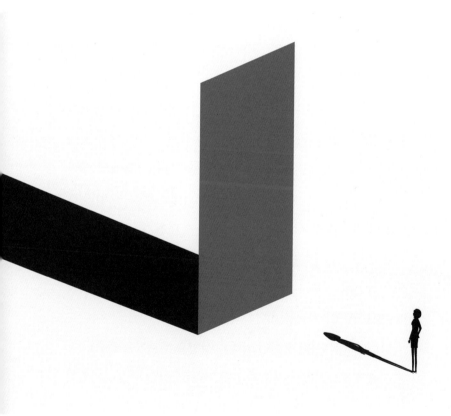

에서 사람들이 대화를 통해 협동하고 세계를 변혁한다며 이렇게 말합니다. "대화를 나누는 나 스스로는 자신의 존재를 불러내는 것이 바로 당신이라는 것을 안다. 또한 자신의 존재를 불러내는 당신이 또 다른 나를 구성하며, 그 나의 안에는 또 다른 당신이 있음을 안다. 이렇게 해서 나와 당신은 변증법적 관계를 통해 두 개의 당신이 되고 이 당신은 또 두 개의 나가 된다." 마치 김춘수의 '꽃'이라는 시처럼, 프레이리는 우리가 서로의 이름을 불러줌으로써 서로에게 의미가 되는 대화를 강조합니다.

프레이리는 인간이 대화를 통해 타인 속에 깃든 나를 발견한다고 봅니다. 이렇게 타자 속에 깃든 나를 발견하는 대화가 가능하다면 혐오의 영향력은 줄어들 수 있습니다. 타자에 대한 혐오가 바로 나 자신에 대한 불만을 드러내는 것일 수 있기 때문입니다. 혐오는 타자가 아니라 타자에 비친 내 모습을 싫어하는 것일 수 있으니까요. 그래서 그 타자를 없애려 들수록 결국은 자신을 더 파괴하게 됩니다. 그와는 반대로 대화는 타자를 만나게 하고 자신을 대면하게 합니다.

그런데 모든 대화가 이런 발견과 성찰을 부르지는 않습니다. 프레이리가 대화에서 강조하는 것은 바로 프락시스(praxis)입니다. 프락시스는 보통 '실천'이라는 말로 번역되는데, 프레이리가 말한 의미로는 '개입'이라고 보는 게 더 정확할 것 같습니다. 프락시스는 나와 너로 분리되어 있는 세계에서 상대방의 세계로 풍덩 뛰어드는 것과 같습니다. '난 당신에게 관심이 없어', '누군지 알고 싶지 않아', '알고는 있지만 그렇게 할 생각은 없어', 이런 말의 세계에서 '아직 당신을 잘 모르지만 잡은 손을 놓지 않겠어요', '부족하지만 조금이라도 거들게요'라는 말의 세계로의 이동을 뜻합니다.

성찰과 행동이 분리되면 사람의 말은 공허해지고 비판은 갈피를 잡지 못합니다. 완벽한 해결책을 찾겠다며 몸을 빼고 지켜보는 게 아니라 적극적으로 개입해서 대화를 나눌 때 인간은 자신의 불완전함을 깨달으며 타자의 필요성을 체감하게 됩니다. 나아가 이런 대화가 말로 그치지 않고 현실을 변화시키는 매개가 될 때 대화의 의미는 분명해집니다. 나를 불러내는 것이 당신이듯이, 수행적인 대화는 나와 당신의 의미를 채워가는 과정이고 함께 지낼 세계를 세우는 작업입니다. 시민이 된다는 것은 시민을 말하는 것이 아니라 시민이라는 텅 빈 기표를 채워가는 과정이고, 그 과정에서 우리는 서로를 시민으로 호명할 수 있습니다.

그래서 대화를 통한 사유가 정말 중요합니다. 현실을 반영하지 않는 지식을 암기하는 것은 사유에 도움이 되지 않습니다. 법률이나 정치체제, 정치 과정 선출직 정치인의 이름을 암기한다고 정치에 대한 사유가 늘어나거나 깊어지지 않습니다. 대화를 통해 우리의 사유를 채우고 확장시킬 때 정치는 활성화됩니다.

그렇다면 이런 사유를 어떻게 시작할 수 있을까요? 훌륭한 상대를 찾아서 대화를 나눌 시간을 기다려야 할까요? 여기서 중요한 것은 무언가를 시작하게 되는 사건과 그것에 대한 다양한 정보입니다. 100년도 더 지난 1919년의 3월, 4월의 민중운동에서 흥미로운 점은 고종의 죽음이라는 사건으로부터 시작되었지만 운동에 참여하는 대중에게 다양한 형태의 정보가 제공되었다는 점입니다. 떠도는 소문(所聞)과 읽는 신문(新聞), 부당함을 호소하는 격문(檄文), 길거리에 써서 붙이는 방문(榜文)은 정보를 알리는 주요한 수단이었습니다. 즉 구술과 문자, 전근대적이거나 근대적인 매체 모두가 소식을 알리는 데 활용되었습니다. 그리고 이렇게 전달된 정보는 시민의 분노를 자극하고 새로운 사건을 일으키는 계기가 되었습니다. 평범한 사람들은 새로운 사건을 통해 정치적인 지식을 획득하고 새로운 사회에 관한 전망을 꿈꾸게 됩니다.

한국처럼 사건 사고가 많은 나라도 없기 때문에 대화의 계기는 곳곳에 있다고 생각합니다. 아직 우리가 그런 사건을 제대로 직시하지 않을 뿐입니다. 권리에 대한 인식은 단순히 권리조항을 암기하는 것으로 실현되기 어렵습니다. 때로는 당연한 권리를 요구하다 철저히 무시당하거나 배제당하는 과정이 권리를 제대로 인식하는 데 도움을 줍니다. 법도 마찬가지입니다. 법 없이 사는 평범한 사람들이 법을 인식하는 계기는 바로 자신의 권리를 무시당했을 때입니다. 그런 점에서 무시와 배제, 폭력을 당연시하지 않고 그와 관련된 권리를 찾고 요구할 수 있는 시각이 필요하고 그런 사건에서 상대방의 곁을 지켜주는 개입이 중요합니다.

시민의 권리는 정부가 지켜주는 게 아니라 우리가 서로를 지켜줄 때 누구도 쉽게 뺏을 수 없는 것이 됩니다. 진보와 보수가 때론 갈등하고 서로 미워하더라도 우리를 지키기 위해 함께 서야 할 자리가 있습니다. 바로 혐오를 받는 상대가 홀로 서 있는 자리입니다. 차별하거나 혐오하지 않기 위해서는 내면을 수양하고 명상을 하는 게 아니라 내가 혐오하는 그 타자의 말에 귀를 기울이고 대화를 시작하는 과정이 필요합니다. 그러면서 타자와 나 사이의 거리, 그리고 그 거리를 채우는 공통성에 주목해야 합니다. 그 공통성을 느끼기 위해 타자가 처한 상황에 나 자신도 한번 서 봐야 합니다. 그 자리에서 무엇이 두렵고 무엇이 어려운지 보아야 합니다. 그럼에도 상대를 도저히 받아들일 수 없다면 그 자리를 비켜주는 자세가 필요합니다. 당신을 인

시민의 권리는 정부가 지켜주는 게 아니라 우리가
서로를 지켜줄 때 누구도 쉽게 뺐을 수 없는 것이 됩니다.
진보와 보수가 때론 갈등하고 서로 미워하더라도
우리를 지키기 위해 함께 서야 할 자리가 있습니다.
바로 혐오를 받는 상대가 홀로 서 있는 자리입니다.

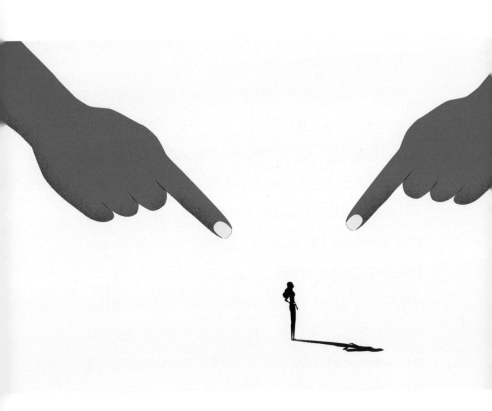

정하는 건 지금 어렵지만 당신을 몰아내진 않겠다고. 진보와 보수는 힘을 모아 차별과 혐오를 막기 위해 노력해야 합니다.

물론 차별과 혐오를 넘어 대화를 통한 사유를 시작하자는 것이 모든 갈등을 없애거나 해결하기 위한 것은 아닙니다. 갈등은 사회의 발전에 꼭 필요한 과정입니다. 그렇지만 상대를 말살하고 배제하려는 혐오는 사회를 해체시킵니다. 그런 점에서 진보와 보수 내부에서 싹트는 차별과 혐오는 어느 한 편이 아니라 사회 자체를 무너뜨려 버릴 수 있습니다. 갈등을 조절해야 할 정치인들이 오히려 성별 갈등을 조장하고, 생명과 존재를 인정하고 평화를 실현해야 할 종교계가 차별금지법 제정을 방해하는 현실은 출구 없는 갈등을 걱정하게 합니다.

사회 내부의 갈등이 격렬해질수록 그 갈등을 특정한 방향으로 몰고 가려는 세력들이 등장합니다. 차별과 혐오를 조장하는 세력들은 민주주의보다 강력한 통제와 질서를, 권력의 분산보다 권력의 집중을 요구할 겁니다. 사회의 필요에 따라 정부의 역할이 강화될 수 있지만 견제와 비판 없는 권력의 강화는 부패와 무능력을 부릅니다. 그리고 사회적인 위기는 소수자에 대한 차별과 배제를 질서 유지를 위한 알리바이로 활용하기 쉽습니다. 보수와 진보를 막론하고 이런 상황이 벌어지지 않도록 막아야 우리의 민주주의가 건강할 수 있습니다.

3
유권자는 나이가 들수록
보수적이 될까?

2019년과 2021년에 공직선거법이 개정되어 선거권과 피선거권이 모두 만 18세로 낮춰졌습니다. 새로 투표권을 얻게 된 10대는 어떤 정치인을 지지할까요? 나이가 젊으니 진보적인 정치인을 지지할까요? 흔히 나이를 먹을수록 사람들이 보수화된다고 얘기하는데, 지금 한국의 여론조사를 보면 꼭 그렇지도 않습니다. 60대나 70대만큼은 아니지만 20대와 30대에서도 보수성향의 정치인을 지지하는 비중이 높아졌고 특히 남성의 보수 지지 비율이 높습니다. 이런 현상을 빗대어 '이대남'(이십대 남성)이 보수화되었다는 이야기를 하기도 하는데요. 그런데 이십대 여성들의 투표 성향은 진보적인 편이니 연령이 진보와 보수를 구분하는 중요한 기준이라 보기 어렵습니다.

진보와 보수를 심리의 측면에서 접근하는 사람들은 나이가 들수록 자기 삶에서 이룬 것에 만족하고 변화를 거부한다는 점을 지적하기도 합니다. 나이를 먹을수록 변화보다는 안정을, 이념보다는 실리를 중시해서 이를 '연령 효과'라고 부르기도 합니다. 그런데 한국의 경우 고령층이 보수화되었다고 하지만 그것이 연령의 영향인지 아니면 남북분단과 한국전쟁, 군사독재의 경험이라는 현대사의 특수성 때문인지 어느 한 요인으로만 말하기가 쉽지 않습니다. 보수에 대한 지지도 정치적으로는 독재였지만 전쟁으로 무너진 사회를 복구하는 의미있는 일을 했다는 자부심일 수 있습니다. 그런 자부심이 현재의 초라함과 대조되어 과거에 대한 향수를 자극할 수도 있고요.

고령층 보수화에 관한 이야기들은 고령층의 투표율이 높아서 과대 포장되는 면도 있습니다. 전체 유권자 수보다 실제 투표자 수에서 고령층이 두드러지다 보니 그들의 정치 성향에 많은 무게가 실리는 셈입니다. 아이러니하지만 이렇게 보수화 경향이 강한데도 한국의 고령층의 삶은 안정적이거나 행복하지 않습니다. 고령층은 사회가 자신을 돌보지 않는다는 소외감을 느끼고 있고, 경제협력개발기구(OECD) 평균의 3배에 달하는 심각한 노인빈곤율(65세 이상 인구 중에서 중위소득 50% 이하인 인구의 비율)은 소외감을 정치적인 분노로 표출하게 만듭니다.

아이러니하지만 이렇게 보수화 경향이
강한데도 한국의 고령층의 삶은 안정적이거나
행복하지 않습니다.

그러므로 정치적인 진보와 보수의 구분에 연령이 큰 역할을 한다고 보기는 어렵습니다. 사실, 유권자의 보수성보다 더 중요한 질문은 유권자의 다양한 정치 성향을 반영할 수 있는 정치체계입니다. 한국의 경우 선거제도를 비롯한 정치 관련 법률이 정치의 다양성을 보장하지 않습니다. 가장 대표적인 것이 선거제도인데요, 한국의 국회의원 선거제도는 2020년부터 '준연동형 비례대표제도'가 실시되고 있습니다. 선거제도는 크게 지역구 선거와 비례대표 선거가 있는데, 지역구 선거는 일정한 지역을 선거구로 정하고 거기서 출마한 후보들 중에서 다수표를 얻은 사람이 당선되는 선거제도입니다. 비례대표 선거는 지역구 없이 정당이 제시한 비례대표 후보 명부를 보고 정당에 투표하면 득표율에 따라 당선되는 제도입니다. 한국은 지역구 선거와 비례대표 선거를 혼합해서 운용하는데 전체 300석 중 253석이 지역구 의원이니 지역구가 중심인 선거제도입니다. 지역구가 중심이다 보니 새로운 인물이 기존의 여당, 야당 후보를 제치고 후보가 되거나 당선되기 어렵습니다.

당선자를 확정하는 방법도 여러 가지인데, 1명을 뽑는 소선거구제, 2~5명을 뽑는 중·대선거구제가 있습니다. 한국은 소선거구제로 1명을 뽑고, 1명을 선정하는 방식은 단순다수제입니다. 즉 다른 후보보다 한 표라도 더 많이 받은 후보가 당선됩니다. 다른 나라의 경우 과반 이상을 득표하지 못했을 경우 1, 2위를 놓고 다시 선거를 실시하는 결선투표제도가 있는데, 한국은 단순다수제입니다. 그래서 '투표율과 득표율을 같이 고려하면 정말 유권자를 대표할 수 있는가'라는 비판이 있습니다. 예를 들어, 유권자 1만 명 선거구의 투표율이 60%이고 35%를 득표한 후보가 당선되었다면 그 후보에게 실제로 표를 던진 유권자는 2100명입니다. 전체 유권자의 1/5 정도에 불과하니 정말 대표성이 있는지 물을 수 있는 것이지요.

또 다른 문제도 있습니다. 그동안 한국의 유권자들은 진보, 보수와 상관없이 지역적인 이해관계를 대변하는 정당을 지지해 왔습니다. 2022년 2월 11일 SBS가 발표한 '누가 와도 1위는 확정? 철옹성 동네 대해부'를 보면, 2000년 이후 4번의 대선을 치르면서 특정 이념을 띄는 정당 후보가 연속해서 1위를 수성한 철옹성 지역은 전체 지역구 250개의 43%인 108개나 됩니다. 소위 누구든 특정 정당의 후보로 '깃발만 꽂으면' 당선된다는 지역입니다. 한나라당, 새누리당, 자유한국당, 국민의 힘으로 이어지는 정당의 철옹성이 경북, 경남, 대구 등을 중심으로 66개이고, 새천년민주당, 대통합민주신당, 민주통합당, 더불어민주당으로 이어지는 정당의 철옹성이 전남, 전북, 광주로 42개입니다. 그러니 한국은 연령보다 지역색이 선거에 더 큰 영향을 미치는 셈이지요.

이런 상황이다 보니 새로운 정치의 출현을 바라지만 선택지가 별로 없습니다. 다른 선택지가 없으니 유권자들은 익숙한 정치인에게 투표하게 됩니다. 후보자에 대한 정보는 부족하고 정당에 대한 선호는 선거기호로 너무 뚜렷하게 드러나니 여당은 1번, 야당은 2번, 이런 식으로 선거가 치러집니다. 선거기호라도 추첨으로 정해지면 무조건 1번, 2번을 선택하는 '묻지마' 투표 성향이라도 바뀔 텐데요.

이렇게 좁아진 정치의 대표적인 문제는 무엇일까요? 매번 선거마다 같은 정당의 정치인들이 당선되니 가장 쉽게 발생하는 문제점은 부패입니다. 진보와 보수라는 스펙트럼이 의미를 가지려면 정치 독점이 무너지고 다양성이 살아나야 합니다. 그러기 위해서는 선거제도를 비롯한 정치 관련 법들을 바꿔야 합니다. 진보와 보수가 함께 싸워야 할 대상은 부패한 기득권입니다. 연령이 아니라 기득권을 보호하는 폐쇄적인 정치제도가 문제입니다.

4

정말 가난한 사람들이
보수를 지지할까?

유권자의 투표와 관련해 많이 얘기되는 모순이 있습니다. 가난한 사람들이 자신의 처지를 개선하기 위해 진보를 지지하고, 부자들이 기성질서를 위협하는 진보를 반대하며 보수화될 것 같은데 실제로는 그 반대라는 이야기입니다. 즉, 가난한 사람들이 오히려 보수 정당에 투표하고, '강남좌파'라는 말처럼 부유한 사람들이 진보적 성향을 띤다는 것이지요. 왜 이런 일들이 벌어질까요? 그리고 이런 이야기는 정말 사실일까요?

비슷한 이야기가 미국에도 있습니다. 언론인이자 역사학자인 토마스 프랭크(T. Frank, 1965~)는 『왜 가난한 사람들은 부자를 위해 투표하는가』라는 책에서 미국의 가난한 사람들이 보수 정치인을 지지하는 이유를 분석합니다. 프랭크는 이런 지지가 가난한 사람들의 이해관계를 보장하거나 전통적인 가치를 수호하려는 의지에서 나왔다고 보지 않습니다. 그보다는 보수 정치세력이 오랜 시간 동안 시민들의 의식을 조작한 결과라고 주장합니다. 보수 정치인들이 선거 유세장에서 외치는 질서와 가족, 공동체와 같은 전통적 가치들은 단지 가난한 사람들과의 문화적 유대감을 다지기 위한 수단일 뿐이라는 것이지요. 그런 지지를 얻고 당선되면 보수 정치인들은 오히려 가족과 공동체를 파괴하는 기업 우선 정책을 도입하고 부자의 세금을 깎아줍니다. 한마디로 당선되면 곧바로 가난한 사람들을 배신한다는 것입니다.

그럼 한 번은 그렇다 치더라도 왜 그런 일이 반복될까요? 그건 경제적으로는 최저임금을 인상하고 복지정책을 강화하는 진보적인 정책을 지지하지만, 도덕적인 가치에서는 가난한 사람들이 가족과 공동체를 내세우는 보수와 공감하기 때문입니다. 진보가 나라를 도덕적으로 타락시키고 질서를 무너뜨리며 가족과 공동체를 위협한다는 감정은 보수와의 일체감을 높입니다. 보수가 가난한 사람들을 위한 정책을 펼치지 않아서 빈부격차가 더 심해지고 생계가 어려워졌는데, 가난한 사람들은 그게 보수 정치 때문이 아니라 나라를 혼란시키고 질서를 위협하는 진보 때문에 그런 거라고 믿는다는 것입니다. 그러니 다음 번 선거에도 나라를 더 강하게 만들어 질서를 잡겠다는 보수를 지지하게 됩니다. 보수가 만든 나쁜 결과가 돌고 돌아서 다시 보수를 지지하게 만드는 기이한 현상입니다. 물론 이런 논리가 항상 성공하는 것은 아니고 때론 실패하기도 합니다만 꽤 오랫동안 효과적으로 작동해온 전략임엔 틀림없습니다.

그런데요, 정말 먹고사는 문제보다 그런 가치들이 더 중요할까요? 아마 그렇지는 않을 것입니다. 하지만 경제가 나빠지는 이유를 어떤 의도나 목적을 가지고 외국인 노동자의 증가나 복지정책의 강화 등에서 찾으려 들면 분노의 원인을 일시적으로 다른 곳으로 돌릴 수도 있습니다. 그래서 누군가는 '왜 우리 돈으로 외국인에게 혜택을 주는 거지? 우리가 열심히 낸 세금으로 왜 일 안 하는 놈들을 먹여 살리는 거지?'라고 목소리를 높이게 되는 것입니다. 이런 가짜뉴스들이 보수에게 힘을 실어주는 것이지요.

실제로 도널드 트럼프 전 미국 대통령의 주요 지지 기반은 백인 남성입니다. 하지만 성공한 백인 남성이 아니라 가난한 백인 남성들입니다. 대도시가 아니라 소도시와 농촌의 미국인들이 백만장자 트럼프를 지지한 것입니다. 트럼프는 인종차별과 성차별, 엘리트에 대한 분노, 애국심 같은 정서들을 적극적으로 활용하면서 이들의 지지를 얻어냈습니다. 심지어 2021년

1월 7일에는 대통령 선거 결과를 부정하는 트럼프 지지자들이 유리창을 깨고 의사당 건물에 침입해서 폭력을 행사한 일도 있었습니다. 민주주의의 심장이라는 미국 워싱턴에서 민주주의의 존립 자체가 뿌리째 흔들린 사건으로 미국인들에게도 큰 충격을 주었는데요, 가난에 대한 분노를 혐오와 폭력으로 풀어낸 셈입니다.

그렇다면 한국의 상황은 미국과 다를까요? 보통 한국에서도 비슷한 현상이 나타난다고 말합니다. 앞에서도 확인했듯이 빈곤율이 높은 노인층이나 농어촌에서는 보수 정치인에 대한 지지도가 매우 높습니다. 특히 한국처럼 반공 이데올로기와 보수 언론의 영향력이 강해서 진보 정치인에 대한 정보나 기사가 잘 공유되지 않을 경우 유권자들이 진보를 선택하기가 매우 어려워집니다. 보수가 집권했을 때 어떤 정책 결정이 내려졌고, 진보가 어떤 정책을 제안했는지 잘 알지 못하면 진보와 보수 중 누가 자신의 이익이나 가치를 더 분명하게 보장하는지 알기 어렵습니다. 여기에 학벌과 지역 연고까지 합쳐지면 진보나 보수보다는 '동창과 형님문화'가 더 큰 영향을 미칩니다.

그리고 한국의 경우는 경제성장 이데올로기도 한몫했습니다. 경제가 성장해야 사회의 부가 늘어나고 그래야 분배가 가능해지면서 민주주의도 활성화된다는 생각이 오랫동안 사람들

가난한 사람들의 지지를 얻고 당선되면,
보수 정치인들은 오히려 가족과 공동체를 파괴하는
기업들을 위한 정책을 도입하고 부자의 세금을
깎아줍니다. 한마디로 당선되면 곧바로
가난한 사람들을 배신한다는 것입니다.

의 머리를 사로잡아 왔습니다. 그래서 자신의 처지와는 상관없이 분배보다 성장 중심의 보수적인 선택을 하는 유권자가 많았습니다. 이런 경향을 이데올로기라고 부르는 이유는 개인들의 자발적인 판단으로 생긴 경향이 아니라 국가가 그런 생각을 체계적으로 학습시켰기 때문입니다.

보통 정치적인 선택은 서로 경합하는 가치들 중에서 선택하는 것이라고 합니다. 즉 경제적인 이익만이 아니라 문화적인 가치, 정치적인 선호, 개인의 경험, 이런 다양한 요소들이 서로 다툰다는 것이지요. 예를 들어 경제적으로는 가난하지만 가족을 중시하고 안정적인 정치를 바라며 보수적인 가정에서 자란 사람은 보수를 지지할 가능성이 큽니다. 반대로 부유하지만 개방적이고 정치의 변화를 추구하며 진보적인 가정에서 자란 사람은 진보를 지지할 가능성이 큽니다. 강남좌파가 이렇게 해서 나온 말입니다. 이 사이에는 매우 다양한 조합이 가능하니 빈부만 가지고 정치 성향을 논하기는 어려운 면도 있습니다. 더구나 요즘은 성별이나 세대도 정치적인 선택에 영향을 많이 미치고 있으니까요.

그리고 누구를 지지하느냐가 아니라 투표율을 봐야 한다는 의견도 있습니다. 가난할수록 투표하기 어렵고 실제로 투표를 잘 하지 않는다는 주장인데, 손낙구의『대한민국 정치사회 지

도 : 수도권 편』은 2004년 총선과 2006년 지방선거 통계를 비교해서 분석합니다. 그 결과 투표율이 높은 동네일수록 집을 소유한 사람, 아파트에 사는 사람, 대학 이상의 학력, 종교를 가진 사람이 보수 성향의 한나라당 계열을 찍었고, 투표율이 낮은 동네일수록 무주택자나 아파트가 아닌 거주형태, 학력이 낮은 사람, 종교 없는 사람이 진보 성향의 민주당 계열을 찍었다고 합니다. 이 분석에서는 소득보다는 자가 소유 여부나 주거형태 같은 자산이 더 영향을 많이 미칩니다. 그리고 가난한 사람이 보수를 지지하는 게 아니라 가난한 사람들의 투표율이 낮아서 자신들의 선호를 정치에 반영할 수 없는 것입니다. 선거날은 공식적으로 휴일이지만 가난한 사람들은 일을 해야 해서 투표에 참여하기 어렵기 때문이지요. 그래서 가난한 사람들의 정치 성향이 잘 드러날 수 없는 것입니다.

그 외에도 자신의 선호를 정치에 반영할 수 없는 사람들이 적지 않습니다. 여성 후보자가 많지 않을 경우 여성들은 자신들의 선호를 제대로 드러내기 어렵습니다. 외국처럼 농민당이나 동물당(동물보호와 동물권을 주장하는 정당), 좌파당, 급진당, 지역당(중앙당 없이 그 지역에서만 활동하는 정당)같은 선택지가 늘어난다면 유권자들은 자신의 선호를 더 분명하게 드러낼 수 있겠지만 한국은 아직 그렇지 않습니다.

선택지를 주지 않은 채 한 방향으로만 투표한다고 지적하는 행위는 멈춰야 합니다. 이제 진보와 보수가 진지하게 고민할 문제는 사람들이 제대로 자신을 대변할 정치세력을 선택할 수 있도록 판을 짜는 것입니다. 그리고 가난한 사람들이나 약자들이 투표를 하고, 정당 활동이나 정치에 참여할 수 있도록 보장하는 것입니다. 그래야 정치가 희망이 될 수 있습니다.

5
능력에 따른 선발은
민주적일까?

능력주의는 개인의 능력에 따라 사회적 지위를 분배하는 것이 옳다는 신념을 가리킵니다. 능력을 중시한다는 점에서 이론적으로는 신분에 따른 세습보다 민주적으로 보이지만 그 능력에 따른 지위를 세습하는 문제점을 드러내기도 합니다.

영국의 사회학자 마이클 영(M. Young, 1915~2002)은 『능력주의』라는 책에서 능력주의(meritocracy) 개념을 처음 제시했습니다. 영은 20세기 초반의 좌파들이 개인의 능력에 따라 부와 지위를 나누면 사회가 평등해질 거라 믿었다며 비판했습니다. 그것이 부와 지위를 세습하는 방식보다는 분명히 낫다고 볼 수 있지만 능력에 따라 계급이 나눠지면 상층계급의 부와 지위는 능력과 노력에 따른 것으로 정당화되고 하층계급은 무능력하고 게으른 탓이라 비난받기 쉽기 때문입니다. 그러면 신분질서를 없애기가 더 어려워집니다.

더구나 엘리트로 성장한 능력 있는 좌파는 교육과 문화를 이용해서 자신들의 지위를 자식들에게 세습하려 합니다. 마이클 영은 그 책에서 "노동계급 전체로서는 이 승리가 일종의 패배였다. 요새를 정복한 데 만족한 노동계급은 내부부터 허물어지기 시작했다. 점점 더 많은 부모가 자기 계급보다는 자식을 고려한 야심을 품기 시작했다."고 묘사했습니다. 계급을 배신하고 가족을 선택한 사회개혁이 새로운 봉건제를 만든 셈입니다. 결국 또 하나의 계급사회가 도래하고 대중은 우파 좌파 가릴 것 없이 똑같이 자기 이익만 챙긴다며 분노하고 절망합니다. 그리고 이런 다수의 분노와 절망을 이용해 엘리트들을 공격하는 포퓰리즘(부패한 엘리트와 순수한 민중이라는 이분법을 내세워 민중을 선동하고 지지를 얻으려는 정치 이데올로기)이 등장하고 민주주의를 위기로 몰아갑니다. 그래서 영은 능력주의가 위험하다고 봤습니다.

원리의 면에서 능력주의는 개인의 능력에 따른 보상을 강조하고 엘리트주의를 정당화시켜서 평등과 자기 결정권을 강조하는 민주주의 원리와 충돌합니다. 능력주의는 능력 있는 대표자와 무능력한 사람들이라는 이분법을 정당화시키고 대중의 참여를 배제한다는 점에서 보수의 논리와 가깝습니다. 그런데 왜 진보가 이런 논리를 받아들이게 되었을까요?

『정의란 무엇인가』로 국내에 많이 알려진 하버드대 교수 마이클 샌델(M. Sandel, 1953~)은 『공정하다는 착각』이라는 책에서 '신분 상승의 기회가 모두에게 보장되면 공정한 것'이라는 생각을 비판합니다. 인간의 인생에서 성공과 실패는 재능만큼이나 행운과 같은 우연에 따르기 쉬운데, 능력주의는 그것이 마치 개인의 재능에 달린 것처럼 믿게 만들기 때문입니다. 성공한 이들은 실패한 사람들을 공공연하게 비웃고 사회적 인정과 성과를 독차지합니다. 그리고 실패한 사람들은 무능력과 굴욕감에 자신의 분노를 해소할 더 약한 타자를 찾고 그 사람들을 혐오합니다. 샌델은 이런 분위기가 이민자와 소수자를 공격하는, 미국의 제45대 대통령 도널드 트럼프 같은 포퓰리스트 정치인을 출현시켰다고 봅니다. 샌델은 "'사회적, 정치적 문제들은 고도의 교육을 받고 가치 중립적인 전문가들의 손에 맡길 때 가장 잘 풀릴 수 있다'는 생각은 민주주의를 타락시키고 일반 시민의 정치 권력을 거세하는 상황을 초래한다."며 능력주의를 강하게 비판합니다.

한국의 경우 그런 능력주의가 학벌과 결합되어 더 큰 영향력을 발휘합니다. 정부와 기업, 언론 등에서 같은 학교 출신들이

고급 정보를 공유하며 심각한 부정부패를 일삼으면서도 이를 능력으로 미화시킵니다. 그러니 대학입시가, 좋은 대학을 갈 수 있는 고등학교가 점점 더 중요해지는 것입니다. 반면에 너무 빨리 인생의 실패를 선고받은 사람들은 개인의 노력으로 극복할 수 없는 불평등을 저주하며 자신보다 약한 사람들을 공격합니다. 한국사회에서 혐오가 강해지는 건 이런 능력주의 현상과 무관하지 않습니다.

진보가 이런 능력주의의 함정에 빠진 것은 기회가 똑같이 주어지고 공정한 절차만 보장되면 결과도 공정할 것이란 생각을 했기 때문입니다. 시험과 경쟁의 결과에 따라 부와 지위를 분배하는 것이 가장 합리적이고 공정하다고 믿은 것입니다. 그래서 비정규직의 정규직 전환과 같은 문제들에서 두드러졌듯이, 공정을 요구하는 주장들은 능력에 따른 불평등을 정당화시켜서 부작용을 바로잡기 어렵게 만듭니다. 그 결과 같은 일을 하는데 정규직, 비정규직이라는 차별을 만든 것이 애초에 잘못되었단 이야기를 하기가 어려워졌습니다. 분배할 수 있는 부와 지위가 줄어들수록 경쟁은 더욱 치열해지고 성패는 더욱더 빨리 결정됩니다.

만약 능력에 따른 차별과 그에 따른 권리 부여가 이치에 맞다면 차별을 배제하는 민주주의는 정당화될 수 있을까요? 전

한국의 경우 그런 능력주의가 학벌과 결합되어
더 큰 영향력을 발휘합니다. 정부와 기업, 언론 등에서
같은 학교 출신들이 고급 정보를 공유하며 심각한
부정부패를 일삼으면서도 이를 능력으로 미화시킵니다.

통적으로 참여민주주의 이론가들은 평범한 시민도 중요한 결정을 내릴 능력을 가지고 있고 참여하면 할수록 더욱더 역량이 강해지기에 더 많은 기회를 보장받아야 한다고 주장해 왔습니다. 이런 주장은 노력에 따른 보상을 정당화하는 능력주의와 일정 부분 맞아떨어지지만, 성공과 실패의 결과에 따른 차별은 민주주의를 위협합니다. 더구나 능력으로만 따지면 평범한 시민이 정보와 지식을 가진 관료나 훈련받은 전문가를 상대하기란 어려운 일이기에 민주주의는 비효율적으로 여겨지기도 합니다. 한국처럼 참여의 주된 방식이 어떤 사안을 전문적으로 다루고 대안을 요구받는 식이라면 참여는 전문가 중심으로 이루어질 수밖에 없고, 능력주의는 그런 절차적 민주주의를 통해 더욱더 강력해질 수 있습니다. 그리고 이렇게 강력해진 능력주의는 민주주의의 기반을 파괴합니다.

더구나 능력주의에서 당연하게 받아들여지는 능력 그 자체가 문제이기도 합니다. 미국의 사회학자 맥나미(Stephen J. McNamee, 1950~)와 밀러(Robert K. Miller Jr, 1949~2015)는 『능력주의는 허구다』라는 책에서 능력주의를 "개인의 노력과 능력에 비례해 보상을 해주는 사회 시스템"으로 정의하면서, 상속되는 무형의 자산에서 교육과 사회적 자본, 문화적 자본의 역할을 강조하고 있습니다. 마이클 영이 능력 있는 노동계급의 신분 상승과 사회적 지위의 세습을 다뤘다면, 맥나미와 밀러는 능력주의 개념으로 교육을 통한 불평등만이 아니라 개인의 노력으로 해석될 수 없는 사회, 문화적인 불평등을 비판합니다.

이런 능력주의 개념은 한국에 더 잘 적용될 수 있습니다. 한국의 기득권 구조는 개인의 노력과 무관하게 누구의 자손이나 친척이라는 이유만으로 권력과 유, 무형의 자산세습을 정당화해 왔기 때문입니다. 만들어진 학력과 가계에서 비롯된 사회문화적 자본은 노력과 무관한데도, 한국의 교육구조는 불평등이 마치 노력의 결과인 것처럼 정당화시킵니다. 그런 점에서 사회적으로 강요되는 자기계발은 심각한 불평등과 차별을 은폐하는 장치이고 소위 386이라 불리는 민주화 세대도 이런 장치를 내면화했습니다.

그렇다면 어떤 대안이 가능할까요? 능력 외에 어떤 기준으로 자원과 지위를 배분하는 것이 더 정의롭다는 사회적 합의는 아직 존재하지 않습니다. 다만 사회경제적 불평등이 해결되지 않았더라도 그런 불평등을 줄이고 없애기 위해 시민에게는 더욱더 적극적으로 참여해야 하는 과제가 생깁니다. 개인과 제도가 서로 영향을 미친다고 보면, 열악한 조건에서도 참여하는 시민들의 힘으로 구조적인 변화를 만들 수 있기 때문입니다. 특히 참여민주주의는 참여의 교육적 기능을 중요하게 여기기 때문에 많이 참여하면 할수록 더욱더 훌륭한 결과를 낼 수 있고 이를 통해 정치적 평등을 이룰 수 있다고 주장합니다. 대표적으로 페미니즘 정치이론은 참여민주주의의 여러 한계들을 지적하면서도 포기하지 않고 그런 불평등을 바로잡기 위해 끊임없이 문제를 제기해 왔습니다. 그런 맥락에서 민주주의가 능력주의에 무기력했음을 증명하는 것도 필요하지만 그것을 넘어설 수 있는 구체적인 방안을 찾는 것도 필요하다고 생각합니다.

우리에게는 제한된 부와 자원을 분배할 새로운 방식이 필요합니다. 이제껏 시험과 경쟁만 받아들여온 우리로서는 매우 어려운 숙제입니다. 지금 우리에게는 세습이나 능력, 그 둘이 아닌 다른 대안을 찾는 것이 중요하고, 진보와 보수 모두가 대안을 만들기 위해 진지한 토론과 실천을 해야 합니다. 이것은 정의로운 사회를 만들기 위해 꼭 풀어야 할 숙제입니다.

6

21세기, 진보와 보수는
유효할까?

2021년 12월에 퇴임한 독일의 앙겔라 메르켈(Angela Dorothea Merkel, 1954~) 총리는 떠날 때까지도 국민 75%의 지지를 받았습니다. 독일 역사상 최초의 여성 연방총리이자 2005년부터 2021년까지 가장 오랜 기간 동안 나라를 이끌었던 유능한 정치인입니다. 메르켈은 독일 통일 전에는 동독에서 생활하며 학교를 다녔고, 보수적인 정당인 기독교민주연합(CDU)에서 활동했습니다. 2000년에 기독교민주연합의 대표가 되었고 2005년 정치 성향이 정반대인 사회민주당과 '대연정'을 이뤄 총리로 선출되었습니다. 대연정이란 다른 정치적 지향을 가진 주요 정당들이 함께 참여하여 조직한 연합 정부를 말합니다. 한국만이 아니라 독일에서도 대연정은 쉽지 않은 일이어서 그때가 1966

년에 이은 두 번째였습니다. 심지어 동독 출신이니 한국으로
치면 북한 출신의 정치인이 통일 정부의 총리가 된 것이지요.

독일인들이 메르켈 총리를 전폭적으로 지지한 가장 중요한
이유는 단 하나, 보수 정당의 대표였음에도 불구하고 진보 정
치인들도 쉽게 결정하지 못한 진보적인 정책들을 과감하게 결
단했기 때문입니다. 보통 세 가지 대표적인 업적을 얘기하는
데, 첫째는 2011년 일본의 후쿠시마 사고 이후 단계적인 원자
력발전소 폐지에 나선 일입니다. 독일에서는 환경을 중요시하
는 녹색당도 빨리 만들어졌고 탈핵운동도 활발했지만 이미 운
영 중인 원자력발전소를 폐쇄한다는 건 결코 쉽지 않은 결정이
었습니다. 녹색당과 사민당이 연정을 할 때조차도 그런 결정을
내리지 못했습니다. 그런데 보수 정당의 대표인 메르켈이 독일
의 에너지체계를 재생에너지 중심으로 바꾸고 기후위기에 적
극적으로 대응하겠다는 결정을 내린 것입니다. 정말 놀라운 일
이 아닐 수 없습니다. 둘째는 2015년에 시리아 내전이 심각해
지자 국경을 열고 100만 명에 가까운 난민을 받아들인 일입니
다. 당시 난민을 반대하는 극우 정치세력과 보수 정치인들이
거세게 비판했지만, 메르켈은 과감하게 국경을 열었습니다. 유
럽연합의 국가들이 난민을 나눠 수용하는 것이 인도주의적인
원리를 따르는 것이라며 설득에 성공하면서 전 세계의 큰 박수

를 받았지요. 셋째는 2017년에 동성결혼을 합법화한 일입니다. 메르켈이 소속된 정당이 공식적으로 합법화를 반대했는데, 메르켈은 자신도 반대한다고 하면서도 당론을 폐기하고 의원들의 자유투표를 허용하여 결국 합법화시켰습니다. 그뿐 아니라 유럽연합의 핵심국가로서 통화위기에 직면했을 때도, 트럼프 미국 대통령이 독일 정부와 사전 협의도 없이 주독 미군을 감축한다고 일방적으로 발표했을 때도 과감하면서도 강단 있는 결정을 내린 정치인으로 유명합니다. 메르켈은 자신을 실용주의자라고 소개하기도 했는데요. 이런 메르켈 총리는 진보일까요, 보수일까요?

한국의 기준으로 보면 메르켈은 매우 진보적인 정치인입니다. 물론 이런 결정들은 메르켈이 독일 시민의 지지를 얻기 위한 정치적인 선택이기도 했고, 그런 지지가 없었다면 메르켈은 오랜 기간 총리직을 수행하지 못했을 것입니다. 따라서 이것은 독일 사회의 진보성을 뜻하기도 합니다. 그런 진보적인 시민사회가 보수 성향의 정치인도 진보적으로 만드는 것이지요. 그리고 연방국가인 독일은 중앙집권형 국가인 한국과 정치구조가 완전히 다르고, 여성 물리학자가 정당의 대표가 될 수 있을 만큼 정치는 개방되어 있습니다. 보수 정당과 진보 정당이 번갈아 집권하며 서로가 주장하는 정책의 타당성을 점검해본 경험

메르켈 총리는 트럼프 미국 대통령이
독일 정부와 사전 협의도 없이 주독 미군을
감축한다고 일방적으로 발표했을 때도 과감하면서도
강단 있는 결정을 내린 정치인으로 유명합니다.

• 2018년 G7 정상회의 첫날, 탁자에 두 손을 짚은 채
도널드 트럼프 미국 대통령과 이야기를 나누고 있는 앙겔라 메르켈 독일 총리 •

도 축적되어 있고, 때로는 좌파와 우파의 대연정을 펼칠 만큼 정치에서의 협상이 일상화되어 있습니다. 또한 지역구 선거와 비례대표 선거를 연동시켜 소수 정당도 의회에 진출할 수 있도록 보장하고 있습니다. 예를 들어, 2021년 연방하원의원 선거에서 좌파당(Die Linke)은 비례의석을 받을 수 있는 정당 득표율 5% 조건을 충족시키지 못했지만 지역구에서 3명이 당선되면서 비례의석을 36석이나 받았습니다. 반대로 자유민주당(FDP)은 지역구 당선자가 없지만 11.5%의 정당 득표율을 얻어 92석의 비례의석을 받아 원내 4당이 되었습니다. 한국의 준연동형 비례대표제와는 한 글자 차이지만 크게 다른 결과를 가져온 것입니다. 이런 제도와 사회문화가 메르켈의 성공을 불러왔다고 볼 수 있습니다.

이러한 환경요인이 중요하긴 하지만, 정치인이 가진 역량도 무시할 수는 없다고 생각합니다. 그렇다면 메르켈과 같은 정치인이 우리 정치 현실에서도 나올 수 있을까요? 한국에서도 37대 국무총리와 18대 대통령이 여성이었지만 메르켈과 같은 인기와 지지를 얻지는 못했습니다. 과감한 정책 결정보다는 안정적이거나 자신의 이해관계에 따른 정치 행보로 인해 두 사람 모두 법정에 서야 했으니까요. 그렇지만 20, 30대 역량 있는 정치인들이 계속 등장하고 있으니 희망은 있다고 봐야 합니다.

문제는 그런 정치인들이 성공을 거듭할 수 있는 환경이겠지요.

요즘은 진보와 보수가 무슨 소용이냐, 실제로 도움이 되고 이익이 되는 실용적인 것이 최고라고 말하는 분위기지만 그럼에도 보수와 진보의 구분은 충분한 의미가 있다고 생각합니다. 왜냐하면 일종의 정치 나침판과도 같은 역할을 하니까요. 사회주의로 구체화된 이념은 사라졌지만, 사회를 지탱해 온 좌우의 날개로서 보수의 방향성과 진보의 방향성은 엄연히 다르고 불평등과 차별의 문제들에 접근하고 해법을 추구하는 과정에서도 분명한 차이를 보입니다. 남은 과제는 그 사회가 이런 차이를 좁히기 위해 충분히 토론하고 논의하며 방향을 잡아가고, 정치가 그런 방향을 정책으로 반영할 수 있는 제도를 만드는 것입니다. 메르켈의 경우에서 확인했듯이 진보 정치인, 보수 정치인이 그 사회를 진보나 보수의 한 가지 색깔로 바꾸는게 아니라 다양한 시민사회가 정치의 다양성을 활성화시킵니다. 그러면 진보와 보수 내부도 다양한 쟁점에 따라 다양한 입장들로 구분될 수 있겠지요. 특정한 이해관계를 이념의 차이처럼 포장하는 것보다는 구체적인 사안에 대한 충분한 정보 제공자, 구체적인 쟁점에 대한 섬세한 연결자로서의 진보와 보수가 필요한 이유입니다.

우리에게는 더 많은 진보와 보수가 필요합니다. 진보와 보수 모두 앞으로 가야 할 길이 멀고 그 길은 아직 누구도 가보지 않은 길입니다. 십 년, 이십 년 뒤의 미래를 내다볼 수 있는 사람은 없고, 아마도 우리가 함께 극복해야 할 수많은 위기들이 기다리고 있을 것입니다. 때론 치열하게 토론하고 싸우더라도 때론 위기에 처한 상대방에게 기꺼이 손을 내미는 정치, 한국의 진보와 보수가 그런 정치를 만들면 좋겠습니다.

정치는 '스우파'가 될 수 없을까?

2021년 8월에 시작된 '스트릿우먼파이터'라는 프로그램이 큰 인기를 얻었습니다. 처음에는 배틀을 하는 여느 서바이벌 프로그램과 다를 바 없어 보였습니다. 더구나 유명 아이돌이 아니라 댄서들이 출연하는 프로그램이라 인기를 끌지 못할 거라 생각했습니다. 그러나 이 프로그램은 선풍적인 인기를 끌며 가수 뒤의 백댄서들을 무대 앞으로 끌어냈습니다. 이 프로그램은 왜 인기를 얻었을까요?

이유는 다양하지만 가장 특징적인 면은, 참가자들이 시합장에서는 한 치의 양보 없이 치열하게 경쟁하지만 시합장 밖에서는 서로를 열심히 응원했다는 점입니다. "내가 보여줄 수 있는 걸 모두 보여줬으면 됐어, 우리가 잘 할 수 있는 걸 하자."라고 하며 서로를 격려하면서 승패에 얽매여 질척대지 않았습니다. 배틀이지만 판정단의 눈치를 보거나 판정을 무조건 수긍하지도 않았습니다. "이건 말도 안 돼, 판정을 이해할 수 없어."라고 하면서도 그 다음 승부를 피하지 않았습니다.

이 프로그램에서 자주 등장했던 말이 '리스펙'입니다. 존중이란 뜻이지요. 치열한 경쟁의 상대이지만 그 실력을 존중한다는 것입니다. 상대방을 비난하고 조롱하는 것으로 인기를 끈 프로그램들은 있었지만 서로를 존중하고 인정하면서 인기를 얻는 프로그램은 없었는데 스우파가 그런 프로그램이었습니다. 기존의 배틀과는 분명히 달랐지요. 싸우긴 하지만 이 전쟁을 함께 치르는 사람에 대한 존중이 거기에는 있었습니다.

그렇다면 왜 정치는 이런 장이 되지 못할까요? 어떻게 보면 진보와 보수의 대립이 지겨운 게 아니라 그 대립이 만들어내는 풍경이 지겨운 것인지도 모릅니다. 끝장토론 후에 서로가 주고받은 대립의 말들은 쉽게 흩어지고, 찰나의 감동은 일상으로 이어지지 않습니다. 상대의 불완전함을 비난하는 것이 나의 불완전함을 노출하는 것임을 알고는 있을까요? 우리가 신이 아닌 이상 불완전할 수밖에 없다는 점을 인정한다면 상대방의 이야기를 어떻게 이해해야 할까요? 진보와 보수가 주장하는 대안의 내용도 중요하지만 이런 질문의 형식도 중요합니다. 우리는 신이 아니라 인간이니까요.

어느 한 입장이 절대적으로 올바를 수 없음을 인정한다면, 우리는 현실의 조건과 상황에 맞게 유연한 대안을 찾을 수 있고 그러려면 서로를 존중해야만 합니다. 정치인이니 유권자들의 판단을 무시할 수는 없지만 잘할 수 있는 걸 하면서 좋은 그림을 만든다면 사람들은 그것을 존중하고 열광할 준비가 되어 있습니다. 정치가 만들어야 할 드라마는 특정한 내용에 대한 집착이 아니라 사람들의 마음과 머리를 움직일 수 있는 희망입니다.

물론 그렇게 하면 우리 편 내의 사람들과도 갈등을 빚을 수 있습니다. 사실 타자를 인정하는 사람들도 빠지기 쉬운 함정은 무조건 뭉치려고만 하는 습성입니다. 때론 뭉쳤다가 때론 헤어져야 집단의 다원성이 유지되는데 우리는 오로지 뭉치려고만 합니다. 그러니 진보와 보수도 어느 순간 보면 그냥 한패에 지나지 않습니다. 패거리가 공유하는 것은 사회가 나아갈 지향이 아니라 우리가 동일해야 한다는, 정체성에 대한 집착입니다. 그러면 상대로부터 배울 것이 사라집니다. 경쟁할 때 하더라도 서로를 존중하는 경쟁은 불가능할까요? 함께 좋은 세상을 만들어가는 사람으로서 서로를 응원하는 것은 어려울까요?

스우파의 또 다른 특징은 아이돌 가수 그룹의 뒤편에서 자신을 드러내지 못하고 움직였던 댄서들이 자기 주체성을 드러냈다는 점입니다. 유명가수의 수식어, 음악의 보조수단이 아니라 자기 자신으로 온전히 드러난 것입니다. 참가자들은 경력이 어떻고 현재 직업이 뭐고가 아니라 보여줄 수 있는 퍼포먼스로 자신을 증명했습니다. 출연자들이 여성이었기 때문에 이 점이 더 부각되었으리라 생각합니다. 스우파를 통해 개성있는, 새로운 인물들이 무대에 등장하는 모습은 정말 신선했습니다.

정치도 그렇게 새로운 인물들이 계속해서 등장한다면 흥미로운 장이 될 것입니다. 국회의원 평균연령이 50대 중반이고, 남성이 80% 이상이며, 법조인이 15%가 넘는 단순한 구성의 정치계이기에 지금의 국회는 흥미가 떨어집니다. 청년과 여성, 다양한 직업군이 정치인이 되어 자신의 재능을 뽐내면 정치도 스우파만큼 흥미로워질 수 있겠지요.

시간이 많지 않습니다. 사회는 조각조각 깨지고 있는데, 우리가 맞이할 위기는 전 지구적입니다. 지구가 내일 당장 멸망하지는 않겠지만 실은 서서히 멸망하는 게 인류에게 더욱더 끔찍한 일입니다. 그 과정에서 가장 먼저 버려지는 건 가장 약한 사람들이고, 또한 이 사회에서 가장 많은 비율의 사람들일 것이고, 그래서 많은 이들이 생존을 위한 끔찍한 경쟁에 내몰릴 것이기 때문입니다. 반면 기득권을 누리는 소수의 사람들은 그

정치가 만들어야 할 드라마는 특정한 내용에 대한
집착이 아니라 사람들의 마음과 머리를
움직일 수 있는 희망입니다. 청년과 여성, 다양한
직업군이 정치인이 되어 자신의 재능을 뽐내면
정치도 스우파만큼 흥미로워질 수 있겠지요.

때에도 넷플릭스 드라마 〈오징어게임〉처럼 여유롭게, 살벌한 경기장을 관전할 것입니다(물론 현재의 기술로는 그들도 비극적인 결말을 피할 수는 없다는 결과의 평등은 존재하지만요).

이제 청소년들이 '미래 시민'이라는 말은 이미 고루합니다. 이미 현실에서 다양한 활동을 펼치고 있는데 단지 선거권, 피선거권이 없다는 이유로 미래의 시민이 되어야 할까요? 청소년들의 정치 참여가 부족하기보다는 그 참여가 실질적인 변화나 여론으로 전환될 기회가 부족한 겁니다. 청소년들이 정치에 관심이 없는 건 무관심해서가 아니라 자신들을 대변할 대표가 없고 자신들의 관심사가 반영되지 않기 때문입니다. 그러니 자신들이 대접받지 못하는 오프라인보다 대접받을 수 있는 온라인을 선택하는 건 당연한 일일 수 있습니다. 지금 필요한 건 자꾸 새로운 활동을 찾으라고 요구하는 게 아니라 이미 하고 있는 활동들에 의미를 부여하고 그 힘을 강화시키는 것입니다. 그것이 바로 정치겠지요.

정치가 사라진 세계에서 다시 정치의 토대를 다지고 기둥을 세우려면 무엇이 필요할까요? 학교의 공교육 과정과 별개로 민주시민교육, 평생교육이 얘기되고 있지만 이 역시 기술의 습득이지 사유의 전환을 가져오지 못하고 있습니다. 정치는 각본 없는 드라마인데, 이런 교육에는 여전히 각본이 있습니다. 그리고 정치는 더 이상 금기어가 아니라고 하지만 청소년이나 장애인 등에게 정치는 여전히 금기어입니다. 이런 편견을 깨야 시민의 민주주의가 시작될 수 있기에, 정치교육이 중요할 수밖에 없습니다. 학교에서의 정치교육만이 아니라 도서관, 마을, 공동체 공간 여기저기서 정치적인 대화가 꽃을 피워야 합니다.

발전이 없어 보이는 기성정치는 결코 정치의 전부가 아닙니다. 4년, 5년 만에 돌아오는 선거만이 정치의 무대도 아닙니다. 고대 아테네의 역사가 투키디데스의 『펠로폰네소스 전쟁사』에서 니키아스는 이렇게 말합니다. "사람이 국가를 만드는 것이며, 사람 없는 배나 방벽이 국가는 아니다." 이게 나라냐는 외침도 필요하지만 나라를 바로세우는 것은 시민입니다. 그리고 우리가 바로 시민입니다.